經驗與觀念　渠敬东　主编

古典人类学书系　张亚辉 国曦今　主持

王权

〔英〕　A.M.霍卡　著

张亚辉　译

A. M. Hocart

KINGSHIP

首次出版于 1927 年，本书根据 1969 年

牛津大学出版社重印版译出

总　序

黑格尔曾有过一个有趣的说法：最简单的经验即是最抽象的观念。这话乍听起来颇令人费解，然细绎之却道理很深。一个只能感觉世界的孩子，便只能用“这个”或“那个”来指代世界里的一切，他的经验看似最具体，靠的却是最抽象的观念。对人来说，经验和观念是一并到来的，没有靠纯粹经验活着的人，也没有靠纯粹观念活着的人。他的生活越具体、越深入，就越需要借助准确而丰富的观念来认识自己，去包容全部生活的内容；他的观念越多、越庞杂，就越需要依靠活的经验和历史来检验、来融会。他知道，“吾日三省吾身”，每天都要在经验与观念之间往来穿行，行路与读书并行不悖，为学与为人是一个道理。他知道，仅凭经验来感知整个世界的人，是一种低级的动物，而仅凭自己一种抽象的立场、价值或信念来要求整个世界的人，也必落入一种“无生育力的亢奋状态”。他知道，米涅瓦的猫头鹰只有到了黄昏才会起飞，只有将现实生活的一切经验，与这个世界的不同起源和不同历史融汇一处，人类才会有未来。

“从具体到抽象，从抽象上升到具体”，是马克思为社会科学概括的一种基本方法。社会科学因应现代危机而出现，却不是要取代已有的学问，而是要重新走进传统人文科学的腹地，将观念的基础植根于具体而完整的经验世界，并升华为新的经验和新的生命，从而实现抽象上升到具体的“二次航程”。随着世界历史的到来，在世界上任何一个角落的人，他的生活乃至命运都处于普遍联系之中，都与整个世界无法分离。现实中的每个人、每件事，都成为了社会总体的一种现象呈现。社会科学自诞生那天起，就把她的研究对象看成是一种整全的经验体，杜绝用一种技术、一种成见、一种维度去看待哪怕最微小的经验现象。

不过，社会科学也很明白，任何现实的经验，都不因它仅是现实的而成为整全的经验体，人之所以活着，是因为他与很多人共同活着。他成家立业，生儿育女，赡养老人，他在他所依恋的群体和组织中学习、工作和生活，他更是政治共同体的一员，承担着一个公民的义务……他必须给出这些共同生活的理由，知晓其中的道理，才能为塑造更美好的生活秩序而尽心尽力；他必须去研究公共生活的文明本体和自然原理，必须去发现人们曾经的历史怎样流变、演化和重建，必须去体会文明之“本”和历史之“变”怎样凝结于现实的经验总体里，进而塑造了他自己……一个现实的人，同他每一个现实的经验，都是人类由过去、现在乃至将来所构筑的一个完整世界的映射，他就是一个融汇全部经验和观念的存在，也将照此来理解社会存在的一切现象。可以说，人的价值和未来可能的社会秩序，即肇发于此。

长久以来，在投入世界历史的每个时刻，中国人皆合成一个命运共同体，共同经历着惊厥、痛楚、蜕变和失落，这条路走得艰辛、漫长，却充满着重生的期望。在复杂的时代变迁中，几乎所有传统与现代的不同要素都交织在我们的经验里，融合在我们的血气里。这种存在的样态，及其所内涵的非凡创造力，注定我们必为世界历史的未来有所承担。中国的社会科学将始终放眼世界，从不同的经验和观念体系中汲取养分，但依然尊重和守护我们自身的经验及其传统之源，正视这种经验和观念内生的原动力。中国的社会科学，必不被技术掠获，不受体制裹挟，不唯传统是瞻，更不做国际学术和世界历史的尾随者。

本丛书拟由两部分组成，一是系统译介外国学人反思现代社会经验与观念的经典作品，二是编辑出版中国学者研究自身现代历史流变及当下社会经验的学术著作。

是为序。

渠敬东

于 2014 年岁末

“如果否定了歌谣和故事中的内容，所有的考证都会挫败和摧毁自身。”

——格林（Grimm）

目　录

插图目录

前　言

这部作品尝试运用在语言研究中已非常成功的方法来研究风 v
俗和信仰。这一尝试自然是非常粗糙的，因为第一次尝试总是很粗糙，但是如果我们一直生活在对可能的批评的担忧当中，就难以取得任何进步，何况有些批评者更愿意吹毛求疵，而不是尊重积极的努力。

因为没有做到极致而从不出版的那种小心翼翼的作者往往难以激起我们的尊敬，事实上，他就没有权利存在：他没有参与这个世界的工作；不论是出于追求理想化还是出于懒惰，这都无关紧要，结果都一样。科学和政治、金融以及战争一样，不入虎穴，焉得虎子。我们应该小心，但不该胆怯。

这本书的结论可能是正确的或者错误的，但在任何情况下，我不会歪曲或怀疑古代人的表述，并要在其明显荒谬中梳理出意义来。一种合理的方法不会远离正确的轨道，找到它就已经成功了一半。在星辰的指引下朝正确的方向出发的人，总是比拿着指南针、六分仪和计时器却跑反了方向的人更快到达目的地。

我并不妄图追寻宗教的起点：根本就没有起点；不过是信仰
罢了，一个比一个更古老。我只是要找这样一种宗教的主要特征， vi

这种宗教很久以前（史前研究专家和埃及学家可能认为它还不够古老）曾经风靡大半个甚至整个世界，虽被自己的后继者驱逐，但仍旧以我们意识不到的深度决定着我们的思想、言语和行为。也许，就像埃利奥特·史密斯（Elliot Smith）教授所说的，在这种宗教的背后还存在一套更早的不关注自然现象反而可能更关注性和生命法则的观念。无论如何，我们一步步来：先搞定比较晚的这个宗教，然后再考虑比较早的那个吧。

本书的观点大部分都是和南太平洋的各个民族长期紧密互动以及认真对待各种信仰的结果。借这个机会，我要感谢埃克塞特学院、基督学院、皇家学会和柏斯·斯拉登基金的慷慨支持，尤其是斐济的劳群岛（Lau Islands）的人们，感谢他们敏锐而耐心地对待我经常博斯韦尔式[*]的提问。我从不认为凭直觉穿透了这些黑人思想背后的神秘空间，我只是逐字逐句地记录下他们告诉我的话，并假定他们完全了解自己的思想。

克拉伦登出版社的批评和建议让本书从混沌中变得清晰，R. R. 马尔斯（R. R. Marrs）教授，大学学院的院长科隆博（Colombo），都友好地批评了前面的几个章节，但因我休假离岛而没有继续。J.
vii L. 迈尔斯（J. L. Myres）教授通读了手稿。J. H. 罗斯（J. H. Rose）教授、G. G. 塞利格曼（G. G. Seligman）博士、A. M. 布莱克曼（A. M. Blackman）博士、G. D. 霍恩布洛尔（G. D. Hornblower）先生和 W. H. 佩里（W. H. Perry）先生从他们各自不同的侧面提供了事实材料。A.

---

* 詹姆斯·博斯韦尔（James Boswell），英国传记作家，现代传记文学的开创者，其作品《约翰逊传》是传记文学的经典，其风格是巨细无遗地记述被作传者的言行。（* 为译者注，以下不再说明。）

A. 麦克唐纳（A. A. Macdonell）教授和 E. J. 拉博森（E. J. Rapson）教授帮忙指点了文本和翻译。我要感谢锡兰*政府提供的锡兰照片。

本文的大部分都来自对已发表论文的改写和扩展，这些论文发表于《美国人类学家》（*American Anthropologist*）、《锡兰科学杂志》G 分部[①]（*Ceylon Journal of Science*，Section G）、《民俗》（*Folk-Lore*）、《皇家人类学会杂志》（*Journal of the Royal Anthropological Institute*）、《印度文物工作者》（*India Antiquary*）和《人》（*Man*）。

A. M. 霍卡

1926 年

* Ceylon，锡兰是斯里兰卡的旧称。

① Dulau & Co.，Ltd.，34 Margaret Street，Cavendish Square，W. 1.

第一章
序　幕

当前，两派历史学家激斗正酣，极端点说：其中一派否定同 1
样一件事可以被发明两次，所以，如果世界上相距甚远的两个地方的风俗表现出相似性，它们一定出自同一源头；另一派中徘徊着一些死硬派，大部分人都是纯洁的学者，他们机械地拒绝任何追寻共同起源的尝试，并自信地认为同样的观念可以各自独立地出现在世界的不同地方。

我们知道的事实越少，争论就越是激烈。这也确凿地表明，我们还没有收集到足够多的事实资料。要我说，如果我们首先查明了我们自己宗教的起源、发展，及其近亲形态，进而确定这些近亲形态的演进及多样化进程，上述争论就不可能发生；因为我们会非常确定，经过如此广泛调查还没有揭示出来的过程是不存在的。

那么，我们的首要责任就是去追寻事件的实际过程，再进一步推演发展的规律。为了协助这个任务，本书即旨在在一种宽泛的意义上提出一个观念系统——我们会最简便地称之为“神圣王

2 权”的发展及其结果。如果我们不能早晚有一天确定我们观察的所有形式是否有着共同起源——最终，我想我们得出的结论是肯定的——这种调查就几乎没什么用；但是，除非我们收集整理了大量材料，并排除了其他理解的可能性，我们是不会下结论的；因为我们终究不可能目睹那些共同的起源，我们只能推断，最后的问题是，我们是否被积累起来的证据推动而得出结论。

然而，没有人能够完全罔顾所有的一般规律而进行调查。科学和其他事业一样，我们总得有原始资本——可能只是借来的资本。我们最容易借鉴的是自然史，因为它在如何从偶然的相似性中发现规律方面有长期的经验。就个人而言，我愿意相信，自然和人类之间的关系远不止是类比，人类风俗的无数变体表明人类为了获得更高的力量而进行了无尽的实验，在新发育的感官的帮助下不断探索，孜孜以求达到更高的级别，在显微镜的观察下，这些都可以归结为进化的过程。即便情况并非如此，在人类与自然之间除了类比再无其他关系，类比也总是富有教益的。现在，自然史已经认识到了独立的发明。比如说，没有人会相信某种哺乳动物被迫逃回水中去研究鱼类、学习鱼的生活方式、通过模仿鱼而发展出鳍和梭形身体，最终变成了鲸鱼。人们已经承认，面对和鱼同样的进化推动力，这些哺乳动物用和鱼同样的方法解决问题，选择了类似的路线和手段。相似性来自趋同机制，而非共同起源。这两种机制是彼此对立的：同样基因的物种从共同的祖
3 先开始分道扬镳，其差异有时大到粗心的观察者无法发现它们之间的关系；另一方面相距甚远的物种在同样的环境下逐渐趋同，以至于它们之间的相似性甚至超过了有真正联系的物种，比如海

豹和儒艮从外表的各个方面看接近的程度都已经超过了它们各自的物种来源——食肉目和有蹄目。然而，相似只是表面的，只是形式的一个方面，只能蒙骗外行的观察者；人们在表面相似性的背后发现的结构讲述了完全不同的故事，“我们只需要考虑什么是一条真正的鱼”，《大英百科全书》（*Encyclopaedia Britannica*）写道，“在各种各样的形式、尺寸和颜色的背后，所有鱼类都有共有特征，我们可以在界定一条真正的鱼并将其与其他纲的生物，比如爬行动物、鸟和哺乳动物区别开来的所有特征中发现这一点。鲸更像哺乳动物，而不是鱼。鲸本质上与牛和马一样，只是外表上看起来像鱼，那是因为它要适应同样的自然环境……鲸身体结构的所有部分都向我们展示着两种法则之间的作用与反作用——一方面是类型的统一，或者说，对基本的继承结构状态的坚持；而另一方面，是对其生存的特定环境的适应，并逐渐固化于环境”。

趋同机制无疑也发生在风俗领域，只是由于人类过于活跃而从没有完全排除借鉴他人的可能性，所以更难被证明。然而仍旧存在确定的案例，我们知道原始印欧语言对冠词是完全陌生的，但几个分支的印欧语言都通过利用指示词达到目的而各自发展了
同样的冠词形式。我们可以看看希腊语的冠词发展：荷马经常将 4
指示词用作加强语气的冠词；在古典希腊语中，指示词已经缩小成了必须使用的冠词；拉丁语直到几个世纪之后才重复了同样的过程。梵语和希腊语经历了相同的路径，但僧伽罗语却返回了梵语而失去了冠词的萌芽。另外一方面，美拉尼西亚的各种语言虽然与印欧语言完全不相关，却具有必须使用的冠词，而且似乎是从指示词中发展而来的。由此可以断言的是，指示词倾向于弱化

成为冠词，一旦条件允许，这种倾向就会变成事实，然而我们对这种全世界共有的特定条件仍旧一无所知。

比较建筑学的学者更加熟悉趋同的概念，因为他们习惯于将自己的艺术当作解决问题的方式，并留心在哪里同样的方式解决了同样的问题。圣史蒂芬·沃尔布鲁克（St. Stephen Walbrook）教堂和耆那教寺庙提供了一个这样的案例：两者都是在方形地平面的每边有四个立柱，每侧中间两根立柱的顶端都和邻边中间的两根立柱的顶端以梁分别相连，这样就产生了一个八边形，在八边形上面安置圆形的穹顶。英国和印度的建筑师都恰巧想到通过八边形将方形与圆形相连。然而，这种相似性只是形式的一个方面。我们可以模仿博物学家的口吻说："我们只需要考虑什么是真正的印度庙宇，然后我们看到真正印度庙宇的每个特征都将其与其他类型区别开来，比如哥特式和文艺复兴式的教堂，圣史蒂芬教堂虽表面与耆那教寺庙相似，但终究不一样。"

5 我几乎可以说是捕捉到了一个斐济的趋同化行动。一位热情的卫理公会的世俗讲道者为自己的种族衰退而倍感忧虑，他通过将这些忧虑写下来而得以舒缓。他将种族衰退一直追溯到对斐济旧神的忽视，但他并不打算提议废除新宗教，而是认为旧神的地盘和新神的地盘被混淆在一起了，应该将它们区分开。基督教的神是精神之神，只有为了精神的福利才应该向他祈祷，他对俗世的权力已经被委托给了旧神，斐济人为了俗世的福利应该而且只应该向旧神祈祷。一位早期教会史研究的权威在1912年的《希伯特期刊》（*Hibbert Journal*）上读到了这个故事的译文，他对我说，这跟诺斯替教的情况非常像，他还指出，同一期的《希伯特期刊》

有篇文章叫作“原始基督教所处的充满精灵的环境”，文章列举了基督教进入罗马帝国时遇到的一大堆同样的问题和同样的解决方式。而我们的斐济朋友从没听说过诺斯替或者罗马帝国的精神困境，卫理公会传教团之外再没有人支持他这种推断，所以他尽量秘而不宣。他的宗教结构肯定不是与诺斯替教相关，而是一方面与斐济的异教相关，另一方面与不信教有关：他的神是斐济的旧祖先神和耶和华，而诺斯替教则在谈论宙斯、上帝、奥西里斯和主要被希腊哲学塑造的至高神。

关于趋同就谈到这里。导致多样性的相反的进程不必在这里举例。下文叙述的大量的习俗和信仰都是从共同的母体当中分化而来，其差异化的程度会让我们在乍看之下无法相信它们有一丁点关系。

只要我们还将自己的注意力集中在外表的相似性，我们就不 6
会有任何进展，就像解剖学之前的动物学一样。本书的目标就是解剖风俗，既然本书关注整体结构，它就几乎无可避免地以共同起源来收尾；不是说不存在趋同机制，而是说目前调查的直接范围还顾及不到。

第二章
王的神圣性

7 已知最早的宗教就是对王的神圣性的信仰。我并不是说这就是最原始的，而是依据已知最早的记录，人类呈现出对神和它们在世界上的代表的崇拜，这些代表叫作王。

根据我们目前的知识，我们没有权利断言对神的崇拜早于对王的崇拜；我们一无所知。也许没有王就根本不会有神，或者反过来也一样。当我们发现了神圣王权的起源时，我们也许就知道了，但目前我们只知道在历史的起源处有王，他们是神的代表。

在埃及，“我们能追溯的最遥远之处”，G. 福卡特（G. Foucart）先生说[①]：“我们发现我们自己面临的君主概念完全奠基于王与诸神的同化上。”王具体化了“在涂油礼上将年轻的王子转变成神的那个灵魂”，他被认作是“好神”。[②]

---

① 哈斯廷斯（Hastings），《伦理与宗教百科全书》（*Encyclopaedia of Ethics and Religions*），词条“王”（Kings）。

② J. H. 布雷斯特德（J. H. Breasted），《埃及史》（*History of Egypt*），第74页。

S. 朗顿（S. Langdon）教授告诉我们[①]：“公元前 3000 年以
前的古代苏美尔人的城市之王宣称自己的父亲是神，母亲是女 8
神……尽管那时的统治者并未被尊为神，也没有被当作神来膜拜和献祭，但不论如何他们的铭文表明他们的臣民相信他们是像神一样降临的救世主，是神的代理人。”后来这些王被崇拜，但最重要的是要注意到苏美尔王不是死后被尊为神的，“崇拜死去的国王是被禁止的，除非他们在生前就已经被尊为神。很显然，单是将活人进行某种神圣化，就足以让他不朽。在苏美尔，为国王建的寺庙到处都是”。汉谟拉比就称自己为巴比伦的太阳神。[②]

在赫梯人中，“王始终被叫作太阳”[③]。

甚为遗憾的是，我们的希伯来编年史被后来的神学涂改了；但我们仍旧能够找到神圣王权的踪迹，或者我们应该叫它酋长权？法官当然是神或者诸神的代理人，短语“耶和华的灵降在他身上”被用在了俄陀聂、耶弗他和参孙身上[④]，我觉得这应该是字面表达的意思。参孙的故事表明，他原本被认为是神的儿子，后来的编纂者将这一点弄模糊了。他们世袭的王都是被主涂油的[⑤]，当大卫被如此涂油之后，主的灵全面降临于他，不离不弃[⑥]。

① 《博物馆期刊》（*The Museum Journal*）（费城），viii，1917 年，第 166 页。比较 L. W. 金（L. W. King），《苏美尔人和阿卡德人的历史》（*History of Sumer and Akkad*），第 203 页。

② B. 迈斯纳（B. Meissner），《巴比伦与亚述》（*Babylonien and Assyrien*），i，第 47 页。

③ 加斯唐（Garstang），《赫梯人》（*The Hittites*），第 340 页。比较塞斯（Sayce），《一枚卡帕多西亚图章》，《皇家亚洲学会杂志》（*J. R. A. S*），1922 年，第 266 页。

④ 《士师记》，iii. 10；xi. 29；xiii. 25。

⑤ 《撒母耳记上》，x. 1。

⑥ 同上书，xvi. 13。

在希腊，它也是被记录在案的最早的宗教。荷马称王为神，这通常都被当作仅仅是对钦佩的表达；但神也一度被认为是埃及
9 国王的头衔，现在已经证明这就是字面的意思。“没有哪个称号，”福卡特先生在说起埃及国王的时候说，“应该（像通常发生的那样）被认为是来自虚荣或浮夸，因为每个称号都在神学上精确地对应着属于某个埃及伟大神灵的功能或力量。”在处理希腊或其他国家的材料时，这个警告应该被铭记在心。荷马的王是神的后裔，他是祭司，是个好国王，“他让黑色的大地长出小麦和大麦，让树上硕果累累，让羊群日益繁盛，让大海鱼儿成群”。所有这些品质都是神圣王权的表征，正如我们在下文将会看到的。

关于罗马王权我们知道得更少，而且可能永远无法揣度罗穆卢斯、努马、塔昆及其他王的神圣性了，其他国家的材料也无法帮助我们去理解这些遗存。古代国王的祭司角色已经被较好地证实了；内特尔希普（Nettleship）和桑迪斯（Sandys）在《古典时代文物词典》（*Dictionary of Classical Antiquities*）中曾经定义了 *Rex Sacrorum*——“献祭之王”是“罗马人给予祭司的称号，在废止了王权之后，祭司不得不以王的名义举行特定的宗教仪式。他就像是雅典体制中的王者执政官。他总是出身地方官员，由最高祭司长在大祭司团的协助下选出，由占卜官为其举行就职典礼，终身任职……他……在雷吉亚圣殿——努马的王室城堡——旁边有一处官邸，他的妻子也是祭司职位的一部分”。*Rex Nemorensis*，即“森林之王”的称号被给予阿里西亚（Aricia）的祭司，詹姆斯·弗雷泽（James Frazer）爵士成功地将其地位追溯到了神圣的祭司-王；实际上，这也是《金枝》（*Golden Bough*）一书的伟大

理论的起点。

古代日耳曼国王和王子将他们的世系追溯到个体的神。哥特人“称他们的酋长为他的好运气，看起来他们征服的不单纯是人， 10
而是半神”[①]。

印度的神圣王权理论清晰地呈现在《摩奴法典》第七卷第3节中：“为了保存万有，梵天才从天王、风神、阎摩、太阳神、火神、水神、月神和财神等的本体中，取永久的粒子，创造出国王。正因为国王是抽取主要诸神本体的粒子造成的，所以光辉超越众生。他有如太阳，灼人心、目，世界上没有人能够正视他。以威力而论，他就是火神、风神、太阳神、月神、司法神、财神、水神和天王。君主虽在冲龄，也不应该意存轻视。”[*]在第五卷96节中，我们读到：“国王的身体是由苏摩（或者月亮），火神，太阳神，风神和因陀罗，财富的两个主宰者（俱毗罗）和水神（伐楼拿），以及阎摩，这八个世界的守护者构成的。”摩奴的说法得到了印度史诗的支持[②]，这一理论的一个实践应用是王被称作“*deva*”，即神，而他的王后被称作“*devī*”，即女神。

当然，《摩奴法典》和印度史诗都是晚期作品，学者也告诉我们，在最早的印度文献吠陀的赞美诗当中，没有神圣王权的踪影。这并不意味着神圣王权是不为人知的：吠陀不是关于生活样式或

---

① 格林，《日耳曼神话学》（*Teutonic Mythology*），斯塔利布拉斯（Stallybrass）译，第4页；约南德斯（Jornandes）转引自M. 布洛赫（M. Bloch），《国王的触摸》（*Les Rois Thanmaturges*），第56页。

* 译文引自《摩奴法典》，迭朗善译，马香雪转译，北京：商务印书馆，1982年，第144页。本段内容是第七卷第3—8节，而不是霍卡所说的只有第3节。

② E. W. 霍普金斯（E. W. Hopkins），《史诗神话学》（*Epic Mythology*），第64页。

风俗的作品，而是幻想的抒情诗，它的读者是对传统了如指掌的智者，对于最无知的大众所熟悉的基本制度不置一词。因此，我们必须回到吠陀的散文当中——这些文字格外关注仪式的每个细节何以如此的原因——就非常有可能发现与王有关的东西。果不
11 出所料，我们看到，王“在双重意义上就是因陀罗，因为他出身高贵，又是一个献祭者”[①]。因为，一方面因陀罗是最高权威，王室贵族也是最高权威[②]；另一方面，献祭者可以联系人与神[③]。所以王与因陀罗有着特别的联系，但圣化还会将其他神加之于他；祭司告诉他，他就是梵天、萨维特里、伐楼拿、因陀罗、楼陀罗。[④]所以，在梵书这类仪式作品的时代，王已经是神圣的了，当吠陀中的赞美诗写作的时候，这些仪式文本环绕在赞美诗的周围，王应该早就已经是神圣的了。

锡兰文明来自印度，不言而喻它的王也有着神圣的起源，只是后来在佛教的影响下，变得不那么清晰了而已。他们宣称自己是甘蔗王的世系，是太阳神的后裔。[⑤]他们自封为 *cakravartin*，即转轮王或者皇帝，而转轮就是太阳的象征。

马来人从印度借用了语言，他们自然和印度人有着同样的看法。“马来人和世界上其他人一样强烈地支持王是一个神圣之人的理论……不只王本人被认为是神圣的，他身体的神圣性还会传递

---

① 《百道梵书》（*Satapatha Brahmana*），v. 4. 3. 7。

② 同上书，v. 1. 1. 11。

③ 同上书，i. 1. 1. 4 及以下诸页。比较 iii. 2. 2. 19；iii. 3. 3. 10；iii. 4. 3. 16。

④ 同上书，v. 4. 4. 9。

⑤ 《大统史》（*Mahavaṁsa*），II. vi 及以下。《锡兰金石录》（*Epigraphia Zeylanica*），i 及以下，第 47—52 页；ii，第 109—115 页。

到他的服饰上，甚至杀死触犯王室禁忌的人。”[①]

日本人直到今天还提醒我们，他们的天皇是太阳的后裔，是一位神。

我们放眼向太平洋的东西南北四方望去，都能够发现神圣的 12
国王或酋长。桑威奇群岛（Sandwich Islands）的君主“被认为发源于神的后裔。”[②] 萨摩亚人也是如此[③]，实际上直到今天还有一个萨摩亚（Samoa）的酋长在使用大神塔纳洛阿（Tanaloa）的名字。托克劳人居住在萨摩亚的北方，他们的酋长也和神忒·托克劳（Tui Tokelau）共享同样的名字，王就是最高祭司，是唯一看到过神的偶像的人。[④] 汤加的王和另外一个酋长被马里纳（Mariner）称作维奇（Veachi），是“神圣的人格，或者有着极不寻常的神圣来源”。[⑤] 泰勒说，在新西兰毛利人当中“一个家庭最古老分支的后代是另外所有分支的父亲，主分支最年长的后代对所有的家庭来说就是神（*ariki*），并被认为将所有他或她的祖先的灵魂带在自己身上，甚至能够随心所欲地和这些灵魂交谈。”[⑥] 富图纳（Futuna）是位于斐济西北的一个波利尼西亚岛屿，当地的最高酋长叫作萨乌（*Sau*），“很久以前，神和萨乌住在一起，并向他透漏了未来即将发生的事”。如果萨乌没有参加饮用卡瓦酒的仪

① 斯基特（Skeat），《马来魔法》（*Malay Magic*），第 23 页。

② 艾利斯（Ellis），《波利尼西亚研究》（*Polynesian Researches*），第 101 页。

③ 克拉默（Krämer），《萨摩亚群岛》（*Die Samoa Inseln*），ii，第 22 页。

④ 特纳（Turner），《萨摩亚》（*Samoa*），第 268 页。

⑤ 《汤加群岛土著报道》（*An Account of the Natives of the Tonga Islands*），第二版，iii，第 32 页。

⑥ 摩尔根（Morgan），《血亲与姻亲系统》（*Systems of Consanguinity and Affinity*），第 458 页，注释。

式，人们就会把他杯子里的卡瓦酒倒在神的位置的脚下，后者被认为会代替萨乌参加仪式，如果萨乌冒犯了神，他们就会“把萨乌的身份和神都送给别人”。现在波利尼西亚人观念中还保留着这种神圣的和天空的特性，他们称自己的酋长为天（*laṅi*），同样的词“*marae*”则用来指庙宇和酋长的坟墓。[①]在塔希提岛（Tahiti）王显然被认为和太阳是一样的，所以他被称作是“抓着太阳的
13 人”，在世间权力交替的时候，他们说：“太阳落山了”[②]。科德林顿（Codrington）博士引用过一个来自西北部落的斐济酋长的话说：“我就是神”或者“精灵”。在同一个部落，有人告诉我，从前“只有酋长是被信奉的，他是人间的神，精灵只在战争当中是有用的，对其他事情没用”。主岛上一个智慧的酋长告诉我，他使用着部落所有神灵的名字。布鲁斯特（A. B. Brewster）先生说，在山地部落中，“第一个为人所知的祖先被称作‘*Kalou vu*’，或者原始灵魂……当他死去的时候就加入诸神的行列……而他的灵魂则进入他的继任者的身体里，后者成了他在此世的神庙”[③]。我自己还没有发现当今的斐济的酋长与天之间的联系，但在一个已经消失的时代，拉坎巴（Lakemba）的贵族们被认为是从一位来自天上的神灵那里获得了他们的头衔。

还有一个来自北美洲的例子：纳切兹人（Natchez）称他们的

① 特里盖尔（Tregear），《比较毛利语词典》（*Comparative Maori Dictionary*），参看词条“*rangi*”；霍卡，《波利尼西亚墓葬》（Polynesian Tombs），《美国人类学家》，1915 年，第 256 页。

② 特里盖尔，同上书，参看词条“*ra*”。

③ 《斐济的山地部落》（*Hill Tribes of Fiji*），第 69 页。

酋长为“伟大的太阳”，并相信他是太阳的后裔。[①]在南美洲，秘鲁的印加人（Incas）宣称自己是“太阳的孩子”，而他们的君主则是“太阳的代表，他是最高祭司，主持最隆重的仪典”。[②]

我们知道古代埃及的影响遍及整个尼罗河流域。所以当我们看到下述现象时就不必惊讶：丁卡人的酋长和希卢克人的王“被认为是最神圣的存在，他们的正确举止是人们得以继续生存的保障，至少是福祸所倚。实际上，他们就属于弗雷泽教授称之为神圣王权的那些统治者，是神圣灵魂的道成肉身”。乌干达人很有可 14
能直到今天还保留着古代埃及的关于埃及神圣诸王的胞衣和脐带的观念。[③]

我并不是故意要追寻着神圣王权制度走遍世界的每个角落，而只是想表明，这个制度确实从北海延伸到了东太平洋。

如果我们遵循本书第一章提出的那些原则的指引，我们就不会那么快去判断遍布整个这个区域的神圣王权制度是起源于一个共有的中心，还是在不同的地方各自发生的；原因在于，我们还没有分析这一制度的结构。但是，在说明我们自己的立场之前，我们应该先在研究一开始就假定它们有着共同的起源，然后再来

① 弗雷泽，《金枝》，第二版，ii，第 332 页，注释。

② 普雷斯科特（Prescott），《征服秘鲁》（*The Conquest of Peru*）。

③ C. G. 塞利格曼，《英埃苏丹含米特问题的诸侧面》（Some Aspects of the Hamitic Problem in the Anglo-Egyptian Sudan），《皇家人类学会杂志》，1913 年，第 664 页。塞利格曼和穆雷小姐（Miss Murray），《一个早期埃及标志的脚注》（Note upon an Early Egyptian Standard），《人》，1911 年，第 97 期。A. M. 布莱克曼：《关于古代埃及生育女神头上标志的评述》（Some Remarks on an Emblem upon the Head of an Ancient Egyptian Birth-goddess），《埃及考古学期刊》（*Journal. Egypt. Archaeol.*），1916 年，第 189 页。

考察这一假定是否符合事实，或者比其他假定更加符合事实。科学的本质就是去猜想，然后带着猜想累积事实，并将猜想证明或证否，或者用更学术的话来说，科学依赖研究假设才能进步。如果不允许我们这样做，那我们就只能将我们的知识束之高阁，因为除了收集事实，我们将一无所成。

尝试一下共同起源假说其实并没什么坏处；但甚至很多声名显赫的学者和历史学家都拒绝这么做。这一方面是因为担忧被与那些野蛮人同日而语自跌身价——这些野蛮人利用世界不同部分的最粗浅的相似性证明以色列的十个走失的部落原本也是如此。另一方面，这种不情愿也来自对印度以东的种族的含混或错误的
15 看法。我们都知道有一个单一的语系从冰岛一直扩展到布拉马普特拉河；但我们总是几乎忘记还有一个同质性更高的语系从马达加斯加穿过印度尼西亚，最远到达夏威夷和复活节岛，这一语系的东部或波利尼西亚方言，被很多历史上的伟大航海者所使用，与他们相比，哥伦布只是个胆小的航海者而已。这些航海者不会带着指南针寻找一个广袤的大陆，而是驾着帆船在世界上最大的洋面上寻找微小的岛屿，对他们来说，失之毫厘，谬以千里。如果两种语言合力在不到四千年的时间里覆盖了三百六十度地球表面的二百五十度，对一种宗教来说，用至少六千年的时间做到同样的事多么容易！因为我们知道，宗教远比语言传播得更快更广，这一点只要看看基督教、佛教和伊斯兰教就知道了，其原因在于，我们总是从婴儿时期就学习语言，从儿童时期开始学习宗教，但直到自己懂得判断的年纪，我们才开始正确地理解宗教。

神圣王权遍布世界并不令人惊奇：这个信念显然极大迷惑了

人的心灵。希腊和罗马在它们还年轻的时候曾经摆脱了它，但在年老的时候又重新找回了它。当亚历山大宣布自己是宙斯之子的时候，他只是延续了、复兴了或者借用了古老的东方信仰，将最初诞生的王看作是神真正的儿子，是神假装成人的样子和王后睡在一起生下了他[①]，这种信仰在埃及早期王朝时——如果不是更早的话——就非常流行[②]。后来的罗马人不得不接受他们帝国之王的神圣性，用吉本（Gibbon）的话说："皇帝的神化……轻易从王转 16
移到亚洲的统治者[③]，罗马的地方行政长官也经常被当作行省的神来崇拜，仪式的排场包括了祭坛与寺庙，庆典和献祭。自然，皇帝不应拒绝执政官已经接受了的崇拜；皇帝和其他人从行省那里接受的神圣荣誉表明了罗马的专制主义，而非奴隶状态。"埃拉伽巴卢斯（Elagabalus）皇帝就用他的神的名字称呼自己。[④]在如此重建了对西欧的统治之后，整个世界的神圣之王再没有放弃神性——除了面对另一个**神圣之王**的时候，后者是**精神之王**，一劳永逸地化身为人并永久地统治人们的灵魂。即便如此，他们也没有完全放弃神性：他们只是从显现的神降低为上帝的代理人；终于，在作为神之化身的王和作为上帝之代表的王之间出现了一个精巧的区分。最重要的差别似乎在于，古人观念中神与王的关系

---

① J. H. 布雷斯特德，《古代埃及宗教与思想的发展》（*Development of Religion and Thought in Ancient Egypt*），第 16 页。

② W. 巴奇（W. Budge），《埃及史》（*History of Egypt*），vi. 21 及以下；vii. 146。

③ 同样的事情也发生在英帝国；参见斯基特，《马来魔法》，第 36 页；在锡兰，统治者的妻子被认为是女神。

④ 《罗马帝国衰亡史》（*Decline and Fall*），伯里（Bury）编，i. 69；i. 85，注释 1。

是确切的、直白的，而现代人则完全清除了那些物化的关系，而将神和王的关系彻底转变成神秘的，换句话说，这一关系被升华了，既适应人们的情感，又不冒犯理智。人们显然是在这样超凡的形式下满足了情感需求，甚至到了17世纪人们还愿意为这个信念去死：

诸王为神亲委，
谁人敢反对或触碰主涂油的那一位，
将永受地狱之苦。

17 这是垂死挣扎，像所有的垂死挣扎一样，它被看作是不切实际的虚张声势。像麦考利（Macaulay）所说："在共和的灵魂开始强有力地显现于议会和乡村的每一个瞬间，君主的权利开始变得妖魔化，并让那些高傲而野心勃勃的臣民感到恶心。"17世纪的君主主义者不再满足于宣称王是神圣性的呈现，他自身就是神，一个"有形的神"。沙特尔（Chartres）的主教在1625年说王"由上帝授职，不止如此，他们自己就是神，不能说这是被卑躬屈膝的奉承者编造的，或为了取悦异教徒而虚构的，而是清清楚楚写在《圣经》上的事实，否定这一点无异于亵渎神灵"。[1]

当前，这个信念在英格兰已经彻底死亡，以至于英国民众看到德国皇帝炫耀自己是上帝的代表时惊诧不已，并将其视作渎神。尽管如此，由于习惯的强大力量，我们仍旧在硬币上写着 *Dei Gratia*（凭上帝的恩惠）；仍旧以王的名义祈祷众王之王、众神之

① M. 布洛赫，《国王的触摸》，第351页。

神以他的圣灵的恩典充溢着王；仍旧在“畏惧神，荣耀王”的戒条中将君主和神相提并论。

“王是神圣的”如果只是一个单一的主张，它显然不足以在人类的心灵当中取得如此重要的支配地位；一个扎根如此深的制度一定会产生广泛的后果，它一定是一整套系统。我们接下来的研究将揭示这个系统的某些侧面。而我们首先必须要注意到的是一些在世界范围内恒定不变、在争论中也总是反复出现的信条。

有些信条我们已经指出过了。比如，王是太阳神：我们已经 18
在埃及、小亚细亚、印度、塔希提和秘鲁遇到过，这些事实使我们确认这是作为宗教的神圣王权的原始特征。实际上，其他的可能性是很小的，我们所知的最早的神几乎都是位于天上，尤其和太阳或者一般意义上的天上之光有关。因此，古代印欧语言为了表达神性而使用的词根“*div*”的意思是“闪耀”。在蒙古语中，“天”和“神”就是同一个词。[1]

印度的王是多重的太阳，因为组成王的神除了太阳本身，还有好几个也是与太阳有关的：“他们说因陀罗、密多罗、伐楼拿、火神；他就是太阳；只是他们称呼他的方式各有不同”，《梨俱吠陀》如此记载；[2] 除此之外，萨维特里和阎摩也都是太阳。[3]

王既是太阳，又是太阳的后裔。人是太阳后裔的传说实在是

---

① 克彭（Koeppen），《佛教》（*Dei Religion des Buddhas*），ii. 87。

② 《梨俱吠陀》（*Rig-Veda*），i. 164，46，转引自霍普金斯，《印度的宗教》（*Religions of India*），第 63 页。比较《百道梵书》，vi. 1. 2. 20；vi. 4. 2. 2；vi. 5. 1. 7；i. 6. 1. 4. 18。

③ 《百道梵书》，vi. 3. 1. 20；xiv. 1. 3. 4。

太多了，根本不必赘言。我只举一个玄奘叙述的例子[①]："这一次，一个波斯王迎娶一个汉朝公主。一个波斯护卫队一路送她前行，但半路上因遭遇军事叛乱受阻。于是，护卫队就将公主安置在了一个极为险要的高山之巅，只能靠梯子供上下之用。而且，他们还将公主的住所团团围住，日夜守护。三个月之后，叛乱平息，重归平静，他们准备继续踏上归乡的路。但就在此时，他们发现
19 公主怀孕了……然后仆人对使节说：'不必调查了；是某个神灵接近了她；每天中午都会有一个来自太阳的将军，骑着高头大马来与她相会。'……时间一到，她诞下一个无比俊美、诸像完好的儿子……他能够御风飞行，控制风雪……从那时起直到现在，他的后代在追忆祖先时，从母方论是汉人之王的后代，从父方论则是太阳神的族裔。"

王的太阳本质在古代是非常确真的。我还要再次重复摩奴的话："他像太阳一样灼人心目，令地上的人不敢直视。"这一说法也得到了埃及学家的支持，埃及人在向他们的王行礼的时候会伸出手遮住自己的脸，以防太阳的光芒灼伤了眼睛。然而，随着时间流逝，这一宗教越来越精神化，作为物的太阳慢慢消失不见了，看起来，王的太阳本质变得越来越不真实，对那些不了解原委的人来说，甚至衰落到听起来像是毫无依据的夸张。僧伽罗的碑文中充满了这一类的浮夸之辞："他击溃敌人，一如东山红日驱逐了黑暗。"[②]无疑僧伽罗人仍旧记得他们的王是太阳的后裔，因此类似于这样的

---

① 比尔（Beal）译，《大唐西域记》（*Buddhist Records of the Western World*），ii. 300。

② 《锡兰金石录》，ii. 175。

表述与完全的故弄玄虚的赞美还有很大的区别。欧洲人则彻底忘记了太阳，当法国朝臣山呼路易十四为“太阳王”（Roi Soleil）的时候，他们可能确实将自己对丰产的想象寄托于一个古老的宗教，虽然这宗教已经被遗忘，但仍旧在影响着人们的语言和思想。

尽管太阳是最为重要的化身为王的神，但他并非唯一的。
还有月亮，我们在印度就听说过月亮性质的王朝——月亮家族 20
（Soma vaṁsa），它与太阳也有着密切的关联。[1]

多重化身的信条需要引起注意，它在后续的发展中会很重要：我们已经在印度[2]和新西兰发现了这一点。埃及也存在这种现象，我们曾经收集到“法老图特摩斯（Thothmes）的数个头衔，都将他等同于神”。[3]在死亡之后，王身体的二十六个部分各自都等同于一个神。[4]一个古老的故事说一个女人的“肢体都是完美的……因为神和她在一起”。[5]这个观念确定无疑地表明，埃及和印度不是各自独立思考的，因为古代印度文献认为眼睛、耳朵以及身体的其他部分或感官都是神，或者与神相关[6]，比如说，“太阳是眼睛，所有的神都是耳朵”。

---

① 《大统史》，lxxx. 50。他为属于日月王朝的梨罗伐帝王后举行了灌顶礼。从此以后，她以国王的尊严，放射着国王的光辉；道森（Dowson），《印度神话词典》（*Dictionary of Hindu Mythology*），词条“日种王（*sūryavaṁsa*），月种王（*chandravaṁsa*）”。

② 参见《百道梵书》，ii. 3. 2. 1。

③ 布雷斯特德，《古代埃及宗教与思想的发展》，第 111 页。

④ 弗雷泽，《金枝》，第三卷，第 377 页；引述马斯佩罗（Maspero），《古代埃及的民间故事》（*Contes populaires de l'Egypt ancienne*），第 5 页。

⑤ 《百道梵书》，ix. 3. 1. 22；viii. 7. 3. 15 及以下诸页；1. 1. 2；等等。

⑥ 同上书，iii. 2. 2. 13。

第三章

神佑我王！

21 几乎直到我们这辈人，战争仍旧是诸王的事业，赢得战争仍旧是他们最大的野心。人民能够为他们的王进行的最适宜的祈祷就是愿万能的上帝赐予他胜利。尽管除了在仪式上，我们的王已经不再能够宣布、指挥或结束任何战争，我们因为习惯的强大力量，仍旧像从前一样，说着同样的祈祷辞。

古代巴克特里亚（Bactria）和近东的人们无法满足于只是盼望他们的王获胜，而是通过诸如征服者、胜利者、无敌者等头衔直接将胜利归于王。[①] 蒙古王的头衔意思是征服者。[②] 印度人对王作为胜利者的属性的重视可能超过了所有人。他们用感叹的语气问候自己的君主，"必胜"几乎相当于我们说"早上好"；"胜利"一直是皇帝的别称。[③] 有几个僧伽罗王甚至在即位的时候称呼自

---

① P. 加德纳（P. Gardner），《巴克特里亚和印度的希腊与塞斯王的硬币》（*Coins of the Greek and Scythic Kings of Bactria and India*）。

② 克彭，《佛教史》（*Geschichte des Buddhismus*），ii. 133。

③ 《巴利语词典》（*Pali Dictionary*），词条"胜利（*jayati*）"；《长阿含经》（*Digha*），ii. 16。

己为“Jaya”或“Vijaya”，也就是胜利；其他几个王称呼自己为
“Vikrama”或者“Parākrama”，意为“征服，进攻”。那些不怎么 22
好战的人将战斗阶层的地位远远置于祭司和学者之下，而且从很
早就斥责暴力，并认为夺取人命就是犯罪，会阻挡天堂之路，这
样的人对胜利的执着确实令人惊奇。我们也听说同样的一群人如
今问候一个一贯反对暴力的圣徒时使用了古老的赞美之辞：“甘地
必将征服。”是他们前后矛盾？还是他们脑海中的胜利一词跟我们
所想有什么不同？胜利对他们来说一定意味着某些不同的东西，
因为即使新王和平地登上王位，他们还是将其即位的那一年称作
“胜利之年”[①]；柬埔寨王的即位方式也是印度风格的，即位的那天
被叫作“胜利日”，而且充满了胜利的暗示，这在我们看来完全没
意义，因为王是被法国政府任命的。然而，在印度还存在一种和
平的胜利；一个皇帝可能“用道德律法而不是大棒和刀剑，去征
服被大海环绕的世界”[②]。听听佛陀怎么说[③]：

“阿难！大善见王，具足七宝及四如意德。阿难！七宝者何？
大善见王于月十五布萨之日，沐浴斋戒，登高殿上，天之轮宝自
现。千辐谷轮，一切善具足。大善见王，见之而言：‘我实闻王族
之灌顶王，若十五布萨之当日，沐浴斋戒，登高殿上，千辐谷轮，
一切善具足之天轮宝现者，彼王，当为转轮王。然者，我确实是 23

① 比如说，郁提耶王（King Uttiya），《大统史》，xx. 22。

② 《增支部》（*Anguttara*），iv. 89。

③ 《长阿含经》，ii. 172 及以下诸页。见莱斯·戴维斯（Rhys Davids）译，《佛经》（*Buddhist Suttas*）[《东方圣书》（*Sacred Books of the East*）]，xi. 251。

转轮王！’*

“阿难！其时，大善见王，从座而起，偏袒一肩，左手持水瓶，右手注水于轮宝曰：‘轮宝！请转动。轮宝！请征服。’阿难！其时，其轮宝便向东方转动，大善见王与四军随其前进。阿难！其轮宝停止之处，大善见王与四军亦止住其处。

“阿难！其时，东方敌对之诸王，诣近大善见王曰：‘来！大王！善来！大王！大王为一切者之主。大王！垂布旨命！’

“大善见王曰：

‘不杀害生物。’

‘不与者不可取。’

‘不行邪淫。’

‘不语妄言。’

‘不饮令人昏醉之物。’

‘食从习制。’

“阿难！如是彼等东方敌对之诸王，皆成为大善见王之服从者。

“阿难！此轮宝沈于东方之大海已，再出现而转向南方。”后面每件事都在重复东方大海的模式，宝轮依次出现于西方和北方。“阿难！如是彼轮宝征服大海环绕之大地**，然后归来拘舍婆提

---

* 本段经文见《长阿含经》之《大善见王经》，译者采用佛陀耶舍和竺佛念的汉译本，下文同，不再另注。本段中“布萨”一词意为安息日，另，霍卡引文中“然者，我确实是转轮王”没有在单引号内，意为佛陀之语，根据汉译经文，这句话应该是大善见王所说，故翻译时从汉译本。

** 霍卡所引英文为“sea-encircled earth”，意为被大海包围的大地，汉文经作“大海四周之大地”，经文有歧义，根据上下文意思，本处采用英文本说法，将汉文经中“大海四周之大地”改译作“大海环绕之大地”。

城，轮轴停止于大善见王之内城门前之法庭前，辉耀大善见王之 24
内城。”

有人会说，佛教的和平主义其实是继承了更加好战的传统，并将其局限为一种道德成就的胜利；但是，如果我们转向不怎么关心道德的早期婆罗门教文本，就会发现这里的王即位时也被认为是“不依赖大棒和刀剑”的胜利。王在圣化的过程中会供奉印度酥油，也就是一种净化了的黄油，并以此“猛击魔鬼……取得胜利，同时心中默念：‘当安宁获得保障时，我将被圣化。’”接下来是又一次供奉黄油猛击魔鬼，然后是第三次；之后他手持火把说道：“迎击军队，火神，奋勇战斗！击溃敌人！”然后继续打败魔鬼。[①] 接下来，王要模拟一场战斗，然后他“随着太阳的方向转动”，说道：“我已被赐予了能量和活力！”[②]

所以，王在登基时必须赢得的胜利，原来是一场魔法竞争中
的魔法性的胜利。魔法竞争在婆罗门教的文本当中司空见惯：神
和魔鬼被描述成总是要压对方一头，以在献祭中处于更加优越
的地位。例如：“神和魔鬼都从生主（Prajapati）那里降临，一直
争斗不休。尽管不可一世，魔鬼心里还是在想：‘我应该向谁献
祭？’然后就把祭品塞到了自己嘴里。他们尽管不可一世，还是
被打败了……而众神则把祭品送给了彼此……这样献祭就成为他 25
们的了。”[③] 还有一个例子：“神和魔鬼都从生主那里降临，一直争

① 《百道梵书》，vi. 2. 4. 7 及以下诸页。

② 埃格林（Eggeling）的注释，见《百道梵书》，v. 4. 3. 9，载《东方圣书》，xli，第 100 页，所引《鹧鸪氏吠陀本集》（*Taittiriya Samhita*），8. 15。

③ 《百道梵书》，v. 1. 1. 1 及下页。

斗不休，他们就是在争夺献祭……他们一边打一边说：‘这是我的，这是我的。’众神一边唱着赞美诗，一边苦行……；他们牢牢抓住了贡献给他们的苏摩酒，占有了献祭，把魔鬼从献祭中赶走了。”[①] 这些传说只是被当作先例，后来人们“驱逐了充满嫉妒的敌手，独自占有了整个献祭。”[②] 所以，在吠陀文本中献祭包含了献祭者和他的敌人之间的竞争，举止得当的一方将取得胜利；仪式中的任何瑕疵都可能将献祭拱手让给对手。

克彭[③] 描述了一个今天在西藏还在发生的仪式性胜利。在一个特定的节日上“一个僧侣代表达赖喇嘛本人；人群中的另外一个人则代表鬼王。后者在拉卜楞寺见到了前者，并且用嘲弄的口吻对他说：‘我们通过五种知识（五个感官）获得的认识并非幻象，你教授的一切都不是真的。’这个仪式中的达赖喇嘛反对这种看法：两人于是争论起来。最后，大家决定用骰子来决定谁是正确的。达赖喇嘛掷出了三次六点，鬼王则三次都掷出了一点。因为前者的骰子六面都是六点，而后者的六面都是一点。魔鬼感到了恐惧，逃跑了。人们跟随在他后面大声呼叫”。

魔法竞争不只发生在印度世界。很明显，巴比伦的神马杜克
26（Marduk）与魔鬼之间的战斗表达了“太阳从冬日的黑暗区域重新回来了，光明战胜了风暴与黑夜之龙。”胜利是通过咒语获得的：首先，伊阿神（Ea）察觉到了魔鬼的计划，“于是他为自己创造了一个力量超过一切的诅咒，并确保它有效。他将咒语练习得

① 《百道梵书》，xi. 5. 9. 3。

② 同上书，v. 5，参阅 xiii. 3. 4. 2。

③ 《佛教》，ii. 315。

滚瓜烂熟，比任何人都熟练。然后，他将咒语施于水……于是他抓住了蛇怪阿普苏（Apsû），并杀了他。穆木（Mummu）也被他绑了起来敲碎了脑壳”。[1] 芬兰的史诗《卡勒瓦拉》（Kalevala）中充满了这类的争斗。类似的故事，我们总是期待在壮丽的史诗中看到，但不会想象在百年战争的欧洲政治实践中也存在，然而确实是有的。为了即将到来的法国王位之争，爱德华三世派修士弗朗西斯去争取威尼斯人的支持，后者说他的君主为了避免杀戮，曾向腓力六世建议说：“如果他，就像他声称的那样，是法兰西真正的国王，就让他直面饥饿的狮子，真正的国王不会被狮子伤害；或者让他像其他真正的国王一样表演治愈的奇迹；否则他就得承认他自己配不上法兰西王国。”[2]

为什么王必须赢得仪式性的或者其他什么形式的胜利才能够登基这件事竟然如此普遍？我想《百道梵书》已经给了我们线索：“他随着太阳而转动。”吠陀时代的王是因陀罗，而因陀罗就是太阳；被他击溃的魔鬼就是黑暗。太阳超越黑暗，大地丰饶，这是国家繁荣的基本条件。因此，作为太阳神的王必须征服，王室胜利的属性原来属于太阳。

太阳必胜的属性不能完全看作是推测：直到今天锡兰人仍旧 27
称颂太阳为“Jayasuriya，Vijayasuriya”，意思是“太阳必胜，”或者“Vikramasuriya”，即“太阳征服”。更古老的时代，太阳还有

① 朗顿（Langdon），《巴比伦的创世史诗》（*The Babylonian Epic of Creation*），第 32 页，以及书版 i. vv. 60 及以下诸页。

② M. 布洛赫，《国王的触摸》，第 10 页。

一个名字叫作“Jaya”，意为“胜利”。[①] 埃及人也会细数太阳神的那些必胜的品质。罗马人从腓尼基人那里接受了对太阳神（Sol Invictus），即无敌的太阳的崇拜，罗马皇帝甚至将这个名字作为自己的头衔。当戴克里先（Diocletian）将罗马帝国一分为二的时候，他给予自己的同僚西罗马皇帝的神圣头衔是赫库里乌斯（Herculius），并赋予其净化魔鬼与暴君的土地的职责，就像神曾经做过的那样，而这个名字就是来自神。[②]

这位侵入罗马的太阳神的历史已经被库蒙（F. Cumont）先生在《密特拉秘仪》（*Mysteries of Mithra*）一书中勾勒出来了。[③] 波斯人相信他们的王“被天空和大地的创造者的‘恩典’所统治，伊朗人将这个‘恩典’描述成一种超自然的火，就像是耀眼的光环，或者专属于神但也会倾洒光辉于王子并将其力量圣化的‘荣耀’的光轮”。这个光轮被叫作“*hvarenō*”，这个词来自 *hvare*，即太阳。它“照耀着正当的君主，有资格获得并保护这光芒的人将被回报以永不衰竭的繁荣、声望和面对敌人永恒的胜利……在亚历山大时期，无敌的太阳就是密特拉（Mithra），一般被看作是赐予胜利的 *hvarenō* 的力量来源……在康茂德（Commodus）统治结束之后，我们看到皇帝们正式采用的头衔包括庇护（*pius*）、菲力克斯（*felix*）和无敌勇者（*invictus*）等，君主是庇护是因为他的奉献可以独力保证上天赐予他的眷顾长盛

① 《梵文词典》（*Sanskrit Dict*），词条：“胜利”（*Jaya*）；霍普金斯，《史诗神话学》，第 88 页。

② 吉本，《罗马帝国衰亡史》，iii. 36。

③ 93 及以下诸页。

不衰；他是菲力克斯，即幸福乃至幸运，确切的原因是他被神圣
的恩宠照耀；最后，他是无敌的是因为击败帝国的敌人是最重要 28
的标志，表明守护着他的恩宠没有抛弃他。正当的权威不是来自继承或者元老院的投票，而是来自神，并且被胜利所证明……闪耀在苍穹群星之间的永恒火焰终究会战胜黑暗，燃烧在恺撒们的宫廷里的永不熄灭的圣火就是天上火焰的呈现……这个光源也被波斯王认为是自己的力量之源……不可战胜是永恒之神从东方，尤其是太阳那里获得的通常品质……通过将 *invictus*（无敌，不可战胜）当作姓氏，恺撒们正式宣布了他们与太阳的永久结盟，他们越来越强调自己与太阳的相似性。” *invictus* 一词逐渐转变成不可战胜的意思，但其真正的含义是不可征服的人；而且这无疑是其最初的含义；因为，如果太阳是不可征服的，那仪式的目的怎么会是确保它的胜利？

当公共集会即将结束的时候，我们会祈祷神佑我王：

请赐予他胜利
幸福和荣耀。

然后集体起立：

粉碎他的敌人，
把他们全部击倒；
让他们政治混乱，
让他们阴谋败露。

我们是像自己想象的那种自由行动者吗？如果有人问我们为什么要用这样的话来表达自己，我们几乎一定会说这是最自然不过的事啊：有什么比盼望王的胜利更加自然呢？但“自然”这个词是
29 最危险不过了，我无法容忍它被用于历史的比较：它什么都不会解释，反而会掩盖我们的无知；当我们贴近观察事物时，我们通常会发现一个风俗之所以看起来自然，不过是因为我们习以为常。让我们想想，盼望王的胜利真的那么自然吗？在古代和东方，当王作为个人来指挥战斗，当战争是王的战争，而人民对此兴味索然，只顾着耕种土地而对征战的军队不闻不问的时候，这也许是自然的，但如今战争对王和一般市民都是一样的，这难道还是那么自然吗？在法国的系列革命中情况正好相反，人们从国歌和国家当中将王彻底抹杀了，将最美好的祝福送给作为整体的民族国家。这无疑也是我们祈祷上帝赐予王胜利时真正的含义，我们盼望自己胜利，但为什么要绕这个圈子？如果我们祝福其他什么人代表我们取得胜利，是否还是自然的？这样做可能是庄重而高贵的，但这个更有意义的做法的效果对我们来说却不是自然的。如果我们为了祝福学院的足球比赛取得胜利而大喊“院长必胜！”，这能是自然的吗？我们不禁怀疑，当我们说到王的时候只是将其作为整个国家的象征，所以我们才会把祝福都集中在他身上，如果我们这样想，我们就是在做心理学家所说的合理化。当有人问我们为什么做某事，而我们或者因为不知道，或者因为不想知道而无法回答的时候，我们就会进行合理化，编造一个理由；当然是无意识的，因为我们自己不会觉察到这个过程。[①] 在目前这个事

---

① B. 哈特（B. Hart），《精神病心理学》（*The Psychology of Insanity*），第64页。

例中，我们无法知道我们为什么要唱“神佑我王”，因为原因被深埋在过去的废墟中，所以我们就编了个理由。只有经过辛劳的挖掘，我们才会发现最终的原因其实是一种被遗忘的宗教学；而 30
直接的原因是习惯强制我们去重复一个定式，这个从古代宗教学传下来的定式有时就是字面的意义，有时干脆就是个形式。所以，“神佑我王”这个说法可以通过拜占庭或者直接追溯到罗马皇帝或者犹太人的约阿施王（King of Joash）的加冕礼[1]；另一方面，对王的敌人的诅咒也会涉及这个问题，在拜占庭的仪式中，这被简短地表达为：“君乃征服者。”

也许有人会说，我们国歌里面的敌人指的是有血有肉的，有时是德国人，有时是法国人或者西班牙人，而早期王的敌人都是想象出来的魔鬼，这两者怎么可能联系在一起？精灵和人之间的鸿沟看起来是不可超越的。事实上，在古老的时代，这两者之间是很容易沟通的。就像神是由王来扮演的，魔鬼也有他们在人间的代表。在印度，任何没有经过成年礼的人都是代表着魔鬼，不被允许举行成年礼的第四种姓象征着魔鬼；[2]外国人与魔鬼的联系格外紧密，他们一直被用夜叉（*yaksha*）、毕舍遮（*pisacha*）或者类似描述各种魔鬼的词来指称。击败魔鬼的一个简便的做法就是摧毁他们的人类代表，这是一个确定而可见的方法，而不会诉诸仪式性胜利之类的臆测。古人实际上不会区分宗教战争和世俗

① R. M. 沃利（R. M. Woolley），《加冕礼》（*Coronation Rites*），第 4 页，第 8 页，13 及下页。

② 《二十五梵书》（*Pancavimsa*），v. 5. 17；《泰帝利亚奥义书》（*Taittiriya Brahmana*），i. 2. 6. 7，根据韦伯（Weber），《印度研究》（*Indischen Studien*），x. 4 及下页。

战争。“就算法老对待外国人的政策”，莫雷特（Moret）先生说，“除了维护神圣建筑，也没有其他什么明显的目的：如果我们相信官方文献，第十八和十九王朝的法老们发动的亚洲战争都被归功
31 于阿蒙神的征服”。[①] 实际上，将精神的与世俗的胜利进行严格的区分是相当现代的事情。在九世纪罗马帝国的加冕礼上，早期拜占庭的呼喊“君乃征服者”被重新表达成一系列的欢呼：“基督，我王，征服者；基督为王。基督，我们的希望，征服者。基督，我们的荣光，征服者”，等等。整个中世纪的礼仪，像我们后面要写到的，教会的敌人总是被等同于王的敌人，而且两者都与罪恶的力量相等同也不是什么鲜见的事。

上帝和王的敌人的身份是令王和人民最感觉舒服的信条，他们好斗的本能和对光荣的热爱正好需要一个借口付诸行动。这一信条也为根本的杀戮欲望和同样根本的对变成侵略者的厌恶之间的冲突提供了极好的解决方案。这一信条也造成了大量伪善的国家，但还是赶不上今天关于民族自决权和对后进种族予以保护的信条。另一方面，这个信条可能还是利大于弊，因为它将战争置于特定的形式和限制之下，有效地控制了冲突的不可避免的残酷性。

---

① 《法老王权的宗教特点》(*Du caractère de la Royauté Pharaonique*)，第196页。

第四章
王之恶

历史学家几乎都是出自理性主义者，他们天生就厌恶超自然， 32
而宁可把所有事物都追溯到自然的源头。这一偏见曾经为那些乐于探索的灵魂发现物质世界的法则提供了无价的帮助，但在历史上，它所造成的谬见也曾是发现统治人类社会之规律的最大障碍之一。历史学家认为所谓奇迹不过是对奇迹的信仰，在他们看来，奇迹不能影响自然事件的进程，他们下意识地错误认为奇迹也不能影响人类事务的过程。我们在他们的作品中看到了王的战争，他们的外交、法律和法令，但几乎没有记载他们制造奇迹的力量。然而，只要我们瞥一眼这一信仰的分布之广泛、持续岁月之悠久，就会相信，与那些循规蹈矩的历史学家的记载相比，它实际上曾经在王和国家的命运中扮演的角色一定要重得多。这一信仰蔓延的区域从欧洲一直到印度洋乃至太平洋沿岸。

在整个波利尼西亚，人们都相信王或者酋长的力量会影响庄稼生长。在富图纳——一个处于斐济和萨摩亚之间的岛屿——人们都信仰罗马天主教，但他们遭逢饥荒时还是会罢黜酋长。1913 33

年，他们就因为一场飓风而罢黜了一位酋长；接下来他们罢黜了一连串的继任者；但在整个过程中他们一条鲱鱼都没有捕捞到[①]；然后他们就开了一个大会，并且说："当托微克（Toviko）当酋长时，我们有很多鲱鱼，现在鱼都没了，我们还是让托微克当酋长吧。"当然，之后鲱鱼就回来了。在野人岛（Savage Island），也就是汤加群岛东面的一个岛屿，像富图纳一样也存在这种根深蒂固的革命方式："从前"，特纳说，"他们有王，王同时也是最高祭司，人们认为是他们让食物生长，但当饥荒到来时，人们开始愤怒，并且杀掉了他们；王一个接一个被杀掉，最后就没有人愿意当王了。"[②] 在波利尼西亚，庄稼的生长非常依赖于王，他们甚至用同一个词萨乌来表示王、和平与繁荣。

酋长或王的这种超自然能力在整个波利尼西亚都被认为是马纳（*mana*），一般来说，这是神和精灵的一种特质。[③] 而且因为等式：

诸王 = 众神，

王才能表演这些奇迹。

马纳这个词和这个观念都蔓延到了美拉尼西亚。斐济人相信食物供应有赖于酋长，尽管他们由于太过尊重权威而无法像富图纳岛或野蛮岛人现在或者曾经那样罢黜酋长。另一方面，同样流行的信仰是，酋长和庄稼过于紧密的联系可能会摧毁庄稼，而不是促进它们生长。苏瓦（Suva）的酋长不能走进种植园，否则庄

---

① 我猜德·劳姆神父（de Lorme）——我因为他提供的信息而欠他人情——说的是 *Kanae* 或者说是鲱鲤。

② 《萨摩亚》，第 304 页。

③ 见《马纳》，《人》，1914 年第 46 期。

稼就会死掉，当一个奈塔西里（Naitasiri）的酋长参加完战斗在河里洗澡时，溪流下游一段距离的鱼全都会死掉。同样对立的效果 34
在酋长治疗疾病的能力上也能看到：任何人躺了酋长的床或者穿了他的衣服，物的超自然的效力[①]都会感染到他，使他的脖子或者肚子肿胀；酋长的触摸就可以使肚子消肿。

关于马来人，斯基特先生说[②]：“人们坚信，任何人如果严重冒犯了王室成员，比如他接触了（哪怕只是一瞬间）或者仿制了（哪怕是经过王的允准）酋长的服饰，或者有人错误地使用了任何王室的徽章或特权，他都会被 *Kena daulat*，也就是被类似于电流的神圣力量猛击而死，马来人认为这种被称为‘Daulat’，或者‘王的神圣性的力量’就蕴藏于王的身体中。”马来人的王“通常都是无懈可击的，并且天赋制造奇迹的力量，比如将自己变形，或者起死回生（或者让别人起死回生）”。[③]马来人的王“被坚信他个人就能够影响自然的运作，比如庄稼的生长和果树的丰收。人们甚至认为这种特性也存在于那些管理该地区的欧洲人身上”。

王的超自然力量在印度文献上被大书特书。巴利语书籍将其称作“王的伊迪（*iddhi*）”。伊迪这个词的意思和马纳非常接近；从词源学上讲，它的意思是成功，这也是界定马纳时最重要的观念。[④]下面的故事说明了何为王的伊迪。[⑤]达南伽亚（Dhananjaya）王和他的宫廷谨慎地遵守着五戒，并将其作为库鲁部落（Kurus）

---

① 《马纳》。

② 《马来魔法》，第 23 页。

③ 同上书，第 36 页。

④ 《再论马纳》（Mana again），《人》，1922 年第 79 期。

⑤ 《本生经》（*Jataka*），No. 276，福斯保尔（Fausböll）编，ii. 368。

的道德规范，“因此他的王国每十天或者两个星期就会下雨”。在
35 同一个故事里，当饥荒折磨着羯陵伽（Kalinga）王国时，王向他
的顾问们咨询，后者说：“古代的国王，当不下雨的时候，就送出
礼物，举行斋戒，谨守戒律，然后走进他们王的卧室躺在一个木
制长榻上七天；雨水便来了。”据锡兰的旧编年史记载，埃拉罗
（Elāra）王，一个在公元前 140 年左右在位的泰米尔（Tamil）国
王，是个极为正直的人。一个妇女向他抱怨这个季节不该下雨的
时候下雨了，把她晾晒的大米都泡坏了。王进行了自我反省，“一
个恪守正义的王当然能够让雨水应时而落”。通过赎罪，他得到了
神的保证，雨水只会在夜间降落，而且一周一次。①就像斐济的王
的头衔意味着繁荣一样，这个王的头衔是斯里（*Śrī*）。斯里有时
被定义为食物②，它也是一位女神。印度国王的触摸还是一种神圣
的治疗。③马米西亚和锡兰古代国王的衣钵也传给了英国官员：一
个政府的代表告诉我，有一次休假的时候，当地人因为他带来了
雨水而向他表示感谢。

巴比伦人相信王的正义能够带来繁荣。④

在《创世记》当中我们看到*，“主与约瑟在一起，约瑟就成

---

① 《大统史》，xxi. 27 及以下诸页。

② 食物即 *Śrī*，《百道梵书》，viii. 6. 2. 1。

③ 霍普金斯，《史诗神话学》所引《摩诃婆罗多》（Mahābhārata）[孟买]，15. 3. 68。

④ 布鲁诺 · 迈斯纳，《巴比伦与亚述》，i. 65 及以下诸页。

* xxxix. 2 及以下诸节。本段经文在中文版《圣经》中已有翻译，但译文与此处语境差异较大，故译者重新进行了翻译，原文可参看权威版本的中文版《圣经》。

为了一个兴旺的人。他的主人看到主和他在一起，主让他经手的事都兴隆”。因为《圣经》的教育或鼓励，清教徒用成功来衡量上帝的恩宠：当克伦威尔（Cromwell）在纳斯比战役之前加入费尔法克斯郡（Fairfax）的时候，他“受到将军及其军队充满快乐的欢呼与称颂。‘因为人们已经看到’，那些日子的一个旁观者说，‘上帝与他同在，并护佑他所经手之事’”。[①] 36

荷马认为王应该为食物供应负责。“你的伟名”，奥德修斯对他妻子说，“达广阔的天宇，如同一位无瑕的国王，敬畏神明，统治无法胜计的豪强勇敢的人们，执法公允，黝黑的土地为他奉献小麦和大麦，树木垂挂累累硕果，健壮的羊群不断繁衍，大海育鱼群，人民在他的治理下兴旺昌盛享安宁。”[②*]

我们没有关于早期罗马诸王的直接材料，只能循着《金枝》提供的蜿蜒小路来重建他们对于庄稼的权力。当罗马人从东方带回神圣王权的时候，他们也随之带来了对王影响食物供应和生活兴旺的能力的信仰。罗马人一直崇拜特定的农业神和丰产神，比如谷神克瑞斯（Ceres）和命运女神福耳图娜（Fortuna），基本等同于印度的斯里。在帝国之中，这些神都专门和皇帝联系在一起，再加上其他类似的谷物之神阿诺那（Annona），或者叫作年度农神（Annual Crops），以及出身叙利亚的罗马皇帝埃拉伽巴卢斯介绍进来的富裕女神阿班丹提亚（Abundantia）等保护性的力量。

---

① 莫雷（Morley），《奥利弗·克伦威尔》（*Oliver Cromwell*），第 185 页。

② 《奥德赛》，xix. 109 及以下诸行。

* 本段译文引自《荷马史诗·奥德赛》，王焕生译，北京：人民文学出版社，2003 年，第 354 页。

从奥古斯都以降，我们发现罗马的硬币上的铭文包括：奥古斯都的繁盛、奥古斯都每年的增长、奥古斯都的福祉[①]、奥古斯都的谷神。最重要的铭文是 *Fortuna Redux Caes. Aug.*，“恺撒奥古斯都的繁盛再临”，这首次表现了奥古斯都在最终的胜利之后将繁荣女神带回罗马的事实。他的后继者重复着这句话，以表明繁荣女神跟随着他们，罗马人接受了这一信条，因为他们“习惯于向回归的
37 福耳图纳女神表示感谢并奉上献祭，同时庆祝执政的君王从遥远地区的周游中返回”[②]。

罗马皇帝治愈疾病的案例是众所周知的，比如，维斯帕先（Vespasian）在神圣之王的故乡——埃及的亚历山大；哈德良皇帝（Hadrian）据说曾治愈过一个盲人。[③]

古代日耳曼人也认为他们的王要负责富足。阿米亚努斯·马塞林努斯（Ammianus Marcellinus）说，勃艮第的王“一旦面临战争运气的摇摆或者大地拒绝丰产，就会被罢黜或者免职”[④]。十三世纪的一则挪威传说记载，“黑色哈夫丹（Halfdan the Black）曾经是‘所有王当中在农作丰产方面最幸运的’，当他死后，他的身体没有整个埋在一个地方，而是被切分成了四块，每一块都埋葬在了国家最重要区域的一个土丘下面，因为‘占据了他的身体仿佛

① 《丰裕的奥古斯都》（*Felicitas Augusti*）。见史蒂文森（Stevenson），《罗马硬币词典》（*Dictionary of Roman Coins*）中的词条，以及保利–伟菘瓦（Pauly-Wissowa），《真正的百科全书》（*Real Encyclopädie*）。

② 史蒂文森，同上书。

③ 布洛赫，《国王的触摸》，第 63 页，给出了依据。

④ xxviii. 14，转引自布洛赫，同上书。

就是获得了丰收的保证’”[1]。

令人好奇的是，我们的中世纪国王一方面继承了日耳曼王，另一方面又努力模仿罗马帝国的排场，应该已经不再具有这两种奇迹力量，却保留了其中的一个功能，即治愈的能力。确实，王影响农作丰产的能力在我们的加冕典礼上被再次颂扬，在第二道祭品之后，大主教的祝圣词说：“万能的上帝赐予你天堂的甘露，大地的丰饶，以及无尽的谷物和美酒。”措辞无疑是源自《圣经》的，因此也就回到了王能够控制草木生长的时代，但这种奇迹的效力如今已杳无踪影。甚至治愈的天赋也只保留了高度特殊化的形式：法兰西和英格兰的国王可以仅仅通过触摸治愈瘰疬，但也 38
仅限于瘰疬，这疾病因此也被看作是“王之恶”。然而，他们将仅剩的力量发挥得淋漓尽致。这种治愈的力量第一次被记录在案是在英格兰的忏悔者爱德华时代。莎士比亚对传统了若指掌，他的诗句值得在这里引用，不是作为支持撒克逊王的证据，而是为了表达斯图亚特时代的神圣王权观念：

他们都把它叫作瘰疬；
自从我来到英国以后，
我常常看见这位善良的国王，
显示他的奇妙无比的本领。
除了他自己以外，
谁也不知道他是怎样祈求着上天；

① 布洛赫，《国王的触摸》，第 57 页，所引《挪威王列传》（Heimskringla）。

可是害着怪病的人，浑身肿烂，惨不忍睹，
一切外科手术无法医治的，
他只要嘴里念着祈祷，
用一枚金章亲手挂在他们的颈上，
他们便会霍然痊愈；
据说他这种治病的天能，是世世相传永袭罔替的。
除了这种特殊的本领以外，他还是一个天生的预言者，
福祥环拱着他的王座，
表示他具有各种美德。[①]

文献所见法兰西第一个进行这种治疗的国王是贡特朗（Gontran），克洛泰尔一世（Crotaire I）的儿子。[②] 但这种力量最早被当作传家宝，在法兰西是从菲力一世（1060—1108）开始的，在英格兰是从亨利二世开始的。国王触摸人数的增长与国王将自己的地位提升到超越所有贵族的孤家寡人的过程有关。这种触摸奇迹方便而有力地证明了君主与其哪怕最伟大的臣民之间的距离也是遥不可
39 及的。在一般的民俗史记载中，这一风尚在其消失之前的那段时间是最强有力的。麦考利描述了斯图亚特时代的仪式及其流行的程度。“斯图亚特时代的国王经常在宴会厅施与治疗。在枢密院安排下，进行奇迹治疗的日子都是固定的，王国各个堂区教堂的神

① 《麦克白》（*Macbeth*），iv. 3。（本段莎翁剧本的中文翻译引自《麦克白》，朱生豪译，北京：人民文学出版社，1978 年，第 373 页。——译者）

② 布洛赫详尽的著作《国王的触摸》实在是太伟大了，细节之丰富简直无法穷尽，这让我受益良多。

职人员都会严肃地将这些安排通知下去。日子一到，数位装束整齐的圣职人员列队站在举行仪式的华盖周围，王室御医会引领病人来到华盖前。接下来是朗读《马可福音》，当读到‘手按病人，病人就必好了’的时候，稍微停顿一下，一个病人被带到国王面前，陛下抚摸了溃疡和肿胀的皮肤，在病人的脖子上围上一个白色的缎带，缎带上还系着一枚金币。其他病人鱼贯而上，每个病人被国王抚摸的时候，牧师都会重复这段咒语，‘手按病人，病人就必好了’。接下来的环节是念诵使徒书信、祈祷、唱诗和赐福。这一系列的程序在安妮王朝的祈祷书中仍旧能够找到。实际上，直到乔治一世继位之后不久，牛津大学才不再将治疗仪式与礼拜仪式放在一起。声名显赫的神学家的能力与美德让这出默剧充满了神圣的权威，而仍旧令人不解的是，那些著名的医生也相信，或者假装相信国王之手的安慰性力量。我们必须假定，每个盘桓在查理二世宫廷的外科医生都是个中高手，但不只一个医生严肃地向我们表明他们真诚地相信国王的奇迹力量。其中一个医生甚至毫无羞愧地告诉我们，这种治疗的天赋来自加冕礼上的涂油礼。治疗的数量之大，速度之快，确实让人很难相信是自然原因导致 40
的；而失败总是被归咎于病人需要更加坚定他的信仰，查理有一次几乎是瞬间治愈了一个患有瘰疬的贵格会教徒和一个明智的教士；如果一个被治愈的人丢失了或者卖掉了国王挂在他脖子上的那一小块金子，溃疡就会发作，而且只能通过再次触摸和第二个护身符才能够治愈。”①

① 《英格兰史》(*History of England*)，第 14 章，1689 年［第 5 卷，244 及以下诸页，阿尔巴尼（Albany）版］。

没几年之后，汉诺威王室继位。他们觉得宣称治疗的能力没什么用。而斯图亚特家族继续在罗马触摸病人，以表明他们对英格兰王位的神圣所有权，直到约克郡的枢机主教亨利，这个家族彻底消失了，连同他们热衷的触摸治疗。但这种信仰仍旧存在，据记载，有个苏格兰的老牧羊人患了瘰疬，他抱怨自己没办法接近并触摸维多利亚女王，否则他的病就能治好了。[①]

意外的是，直到 1825 年，法兰西居然还有人相信这种奇迹力量，他们说服了心不甘情不愿的查理十世恢复触摸治疗，但这个计划被法国大革命打断了。然而，时代变了，患者仍旧很多，但受过教育的阶层断然放弃了这个仪式，也就再没有恢复的可能了。

从我们所研究区域的一端到另一端，王都被赋予了奇迹力量。这是怎么来的？只是回答“因为他们就是神”是不够的，这只是把问题推远了一步而已。为什么神会获得奇迹般的天赋？我
41 们习惯于认为神拥有超自然的力量，所以好像这是理所当然的。《圣经》、古典文献和民间故事让我们从襁褓中就开始习惯于此，此生都再不怀疑。但当我们有所反思时就会发现这根本不是那么显然的，它像其他信仰一样都需要被解释。既然把责任推给众神也于事无补，我们就得回到问题的原点，“国王为什么表演奇迹？”

诸王即众神，但他们更具体地就是太阳神。太阳的照耀来自万里之外，它无形的触摸让万物生长，但也有时，如果它下手重了，也可能造成草木枯萎，饥荒来临。太阳散发的无形之物，光

---

① 希拉·麦克唐纳小姐（Miss Sheila McDonald），发表于《民俗》，1903 年，第 372 页，转引自布洛赫。

和热，是否就是奇迹力量的原型呢？王所辐射的能量适当时会带来生长和健康，而过分时则带来衰败和死亡，这是在模仿太阳吗？

我们确实在我们研究区域的东面发现了这一点。一个吉博特岛（Gilbert Island）的传说是这样的：“当特–伊卡（Te-Ika）长大之后，他每天都躺在海面上看日出。当太阳的第一束光线照到地平面的时候，他每次都让阳光照进嘴里并努力咬一块下来。他试了很多天，终于成功了；他嘴里含着阳光朝他父亲巴考阿（Bakoa）游去。他到了父亲家里之后，将阳光放在身边，并坐了下来。但是看啊，当巴考阿进来的时候，被屋里的热量吓了一跳，他对儿子说：‘你快走吧，你太热了，你坐的地方都冒烟了。’特–伊卡离开父亲家，将他的阳光带到了其他地方。但是看啊，他坐到哪里都发生同样的事。他进入的房子都开始冒烟，他座位周围的东西都被烤得开始枯萎……这滚烫的阳光和它的热量都进入了特–伊卡的体内。”这个传说解释了塔希提王的头衔“吃太阳的人 42
（Sun-Eater）的来源，反过来，这个头衔说明特–伊卡吞食阳光也不是什么古怪的事，王都这么干”。[①]

古代印度的王在圣化的时候也会将火焰或者热量塞到体内，方式是这样：祭司向火焰供奉祭品；“火就是热量，他将热量洒满全身。”[②] 他还要将太阳的光芒洒满全身。无怪乎摩奴说，“王比一切都火热，他燃烧，如同太阳，如同眼睛；他烧掉了整个部落，

---

① A. 格林布尔（A. Grimble），《吉博特岛神话》（Myths from the Gilbert Islands），《民俗》，1923 年，第 371 页，特里盖尔，《比较毛利语词典》，词条“*ra*”。

② 《百道梵书》，v. 3. 5. 8；4. 2. 2；3. 4. 13。

还有胆敢触碰他的不智之人。”[1]

上文中我翻译成“热”的这个词，在梵文中是 *tejas*，这个词值得仔细的研究，因为它涵盖了从火焰到奇迹力量的全部意义。如果我们翻开梵语词典，就会发现这个词被定义为“锐利、边缘、热、火、光明的火焰、光、辉度；壮丽，美；能量，道德或者魔法力量”。下面是一些与“热”有关的用法：太阳的热、热（或者火）元素；锡兰的王伽叶波五世（Kasyapa V）用来自他的名望和热（或者光荣）的太阳和月亮填满了整个世界[2]；凭借佛陀美德的热，在佛陀前生是一只兔子的时候，帝释天（Sakra）在天上的石头王座变热了[3]；由于圣线的热，维加亚（Vijaya）的一个追随者使得锡兰的瑟茜（Circe of Ceylon）[*] 无法吃掉自己。[4] 在《摩诃婆罗多》当中提到毗湿奴的时候说：“你已经到达了天空和大气，矗立在太阳上的寓所里，噢，宇宙的灵魂，你的热（或光辉）已经
43 超越那个闪光的球体。”[5]

王的头衔“*Śrī*”也有着类似的含义，它确切的含义是“光辉；繁荣；光荣，庄严”。这个词来自动词 *śri*，意指发射光，原初的意义保留在短语 *viroca siriyā* 当中，“以光荣照耀”之意。当一个僧伽罗人被称为 Srī Parākrama 的时候，实际上意味着“光

---

① 《摩奴法典》，viii. 9。

② 《锡兰金石录》，第 1 卷，第 46 页。

③ 《本生经》，No. 316（iii. 53）。

* 即夜叉女拘婆那。

④ 《大统史》，vii. 14。

⑤ 《森林篇》（*Vanaparva*），486，转引自缪尔（Muir），《梵文文本》（*Skt. Texts*）iv，第 136 页。

辉夺目的殿下（His Effulgence Parakrama）”，这非常类似于我们的头衔“庄静的殿下”（Serene）和德语中的“尊贵的殿下”（Durchlaucht）。

Srī 女神的另外一个名字是“Lakshmi”，意为“标志、好运；王的天赋、王室的尊严；财富”。《百道梵书》说：“遥远的太阳与天赋的好运是相同的。”[①]

古代埃及人在新年到来的时候都会庄严地给他们的雕像戴上帽子，有时还会把它们放在阳光下，让它们在阳光的拥抱下获得新的生命。王同样也会在圣化的时候接收太阳神的拥抱，后者会传输给他一种 M. 莫雷特所谓的“神圣的流体”。[②] 确定无疑的是，埃及的法老，印度的王和吉博特的英雄都是从太阳攫取自己的能量的。

但是，希腊、罗马和日耳曼的情形又如何？没有任何证据
表明西方群体的奇迹力量有着相同的起源。我们必须不无痛苦地
接受，不是每个地方都能够找到明确的起源迹象。有些人就是忘
了，只有通过那些仍旧保留记忆的人我们才能重构原初的形式。
这些仍旧记得的群体可能是规模不大的少数派，就像上文的例
子；但这也没什么，比较历史研究不是要比人数多少。比如，语
文学家也不是要数出印欧语言当中有多少种包含了方位格，多少 44
种不包含方位格，然后说，“两个有，六个没有，反方获胜；所
以原始语言当中就不包含方位格”。哪怕只有一个语族当中包含
了方位格，比如说梵语，语文学家就会坚持己见，他是根据质而

① 文献《好运》（*puṇya lākṣmyaḥ*），viii. 4. 4. 8。

② 莫雷特，《法老王权的宗教特点》，第 178、221、244 页。

不是量作出判断的。他要问的问题是，“根据目前的证据，是所有其他语言都丢失了方位格，还是梵语在从其他语言拆分出来的时候发展出了方位格，哪个更加可信？如果我们假定原初语言当中就有方位格，我们是否应该将希腊语和拉丁语当中的迄今未能解释的形式解释成方位格的遗存？”语言研究之外的比较历史研究也须采用同样的方式。就目前来说，我们必须问自己，“以下两种情况哪个更容易发生：其他所有人都已经忘记了奇迹力量派生于太阳的照耀，还是印度人与埃及人将其作为自己的理论叠加在遗传而来的信仰上？第一个假设是否对事实有一个简单容易的解释，而第二个假设什么都没解释，或者只是通过增加假设而貌似有所解释？最后，假设印度人的观点是原始的，是否让我们能够将那些迄今为止无法理解的传说和记忆解释成模糊不清的遗存？”我想，这些问题会把我们引向法厄同神话，法厄同是太阳之子，他“向父亲要求驾驶一天太阳车的特权，以证明自己确实出身于天国。但他证明自己还是太弱了，无法约束那些马，骏马带着他上下颠簸，一下冲向天空，一下俯冲向地面，于是一切都开始燃烧，最后，为了避免整个世界都被烧毁，宙斯只好用闪电劈碎了这个年轻人”。[①]据我所知，各种神话学派还没有为这个
45 神话提供一个令人满意的解释。辐射理论确实支持了一些我们的主张——我们认为这个神话的意义在于记录了一些特殊的王可悲地没有控制好宇宙的要素，或者，更好的解释是，关于某天设立一个临时的王来度过混乱时期的某种经常性的习俗，很多国家都

① 内特尔希普和桑迪斯，《古典时代文物词典》，词条“法厄同”（Phaethon）。

有类似的规定。

由于电，尤其是无线电的发现，通过不可见的力量远程作用的概念在欧洲再一次加强了。通过不同的方式，我们已经在物理学领域取得了难以衡量的巨大成就，我们因此有点瞧不起那些遥远的先行者的努力，但这种鄙视是不正当的。他们可能错误地以为可以通过咒语偷窃太阳的光芒并将其植入人体，他们可能在错误的道路上浪费能量。但他们认为地上动植物的能量终究不过来自被固定下来的阳光，这一核心概念难道也是错的吗？他们认为这被固定下来的阳光会以看或听等其他的远距离作用形式再次显现出来，这难道也是完全错误的吗？无论如何，除了那些目前尚不了解的途径，人都是通过自身发射的光波或者声波的形式发生远距离作用的。埃及人也许没有用同样的词语来表达他们的推理，甚至也没有得出我们经过几个世纪的科学训练才总结出的这些推理；但他们确实在太阳和人的远距离作用之间构思出一种类比或者同一性，这是不容否认的事实。莫雷特说：“埃及人认可法老的神圣力量，它让万物复生，尤其是当法老像神一样具有‘创造性的声音……’神曾经在最早的时代通过眼睛和声音运用这种创造性的力量去看万事万物，并为其命名，这种力量在传授神圣崇拜 46
和将法老转变成神的礼仪上被赐予给了王，‘荷鲁斯（Horus）具有了创造性的声音’。”[①] 我们应该还记得，印度的王燃烧了凡人的心灵和双眼。在下一章，我们将看到，热和道德行为之间的类比关系对希腊来说也不陌生。

① 莫雷特，《法老王权的宗教特点》，第 297 页。

发明一个从不用双手工作而只是存在并远距离作用于环境的人，就像太阳那样，这是人类历史最重大的事件之一，不亚于政府的发明，如果说我们始终无法找到一个科学的理由去说明太阳人的信条以何种形式将自己铭刻在君主制度上，这些形式的超常持久性及其令人惊奇的生命力表明，他们并不比我们不完美的道德科学更值得谴责，而且，君主政府的心理学价值是我们仍旧无法理解的。

第五章

王的正义

就像上一章我们已经看到的，在荷马的画卷中，臣民的繁荣 47
是一个理想的王的正义的结果。为了让这一点不可置疑，荷马会在一行诗的开头或结尾需要强调的位置加上“出于对神的畏惧”，或“维护正义”，在最后一行的开头，他会突然回到这个观念，让我们注意到所有的繁荣都是好政府的结果。当然，我们也相信好政府是带来繁荣的一个条件，但不至于认为王能够让海里的鱼大量繁殖，或者让水果压弯树枝。显然，在荷马看来，王不是通过让臣民们干劲十足、配合无间的工作带来繁荣，而是直接将正义加诸自然。“正义”这个词可能没有完全表达出希腊语 *dikē* 的意思，后者的应用更加广泛：它的意思是风俗，只要是合适的和正确的，还有正义、法律、美德、漂亮；它与对神的畏惧紧密相关：如果谁“粗野、野蛮，不做正确的事，那就是与热情友好和对神畏惧正好对立的”[①]。

我们已经看到，印度和锡兰更加直白地表达了繁荣对正义的

① 《奥德赛》，ix. 175。

48 依赖。王的正义可以调整雨水，因此而影响农作。这里，我们用的词同样不足以表达印度词汇 *dharma*，这个词涵盖的意思跟希腊词 *dikē* 差不多；以我们的话语“法律与正义”可能是最贴切的表达。

接下来这个于阗国的故事表明了在人们看来，自然的过程是多么依赖王的美德：“在首都东南大约两百里有一条大河向西北流淌。周边的人都靠这条河灌溉农田，不久之后，河流干涸了。国王大惊失色，赶紧驱车去询问一个阿罗汉（圣人），‘这条河乃民生所系，骤然干涸，是寡人治理不正，还是寡人之德行（美德）没有广利天下？若非如此，寡人何过？天何如此？’”[1]《摩诃婆罗多》断言：“有治理有方之王，必有喜乐完美的岁月，反之亦然。”[2]

古希腊和西徐亚（Scythian）时期的巴克特里亚王追随亚历山大的征伐，他喜欢自称为 *dikaios*，也就是“正义”[3]。

我们在巴比伦也发现了同样的观念，《以赛亚书 · 第 11 章》记载：“从耶西的本必发一条，从他根生的枝子必结果实……公义必当他的腰带，信实必当他胁下的带子。豺狼必与绵羊羔同居，豹子与山羊羔同卧；少壮狮子与牛犊并肥畜同群；小孩子要牵引它们。”

49 阿米亚努斯 · 马塞林努斯指出，埃及人和勃艮第人都会谴

---

① 比尔译，《大唐西域记》，ii. 319 及下页。

② v. 132. 16，转引自伯内尔（Burnell）译《摩奴法典》，第 299 页，注释 2。

③ P. 加德纳，《巴克特里亚和印度的希腊与塞斯王的硬币》，第 10 页、21 及以下诸页。

责他们的王，“如果在他治下战争的运气不佳，或者大地不够丰产”[①]。瑞典人则将坏收成归咎于王在献祭仪式上的疏忽。[②]

法兰西的第一个被记录在案的表演奇迹治疗的国王是六世纪的贡特朗。贡特朗是个圣人。英格兰第一个具有治疗能力的国王是忏悔者爱德华，他也是一个圣人。[③]那个时代，这种天赋看起来并不必然是继承而来的，而是以国王的虔诚为条件的。从路易六世之后，法国国王的治愈力量变成严格继承的；他的父亲菲利普一世先是充满热情地进行奇迹治疗，但是“因为犯下了一些错误或者其他什么原因”，一位中世纪的作家写道，“他失去了这种能力”。被质疑的错误是与人私通，他也因为这个被逐出教会。[④]在他之后，法国王室家族的治愈能力似乎变成了无条件的。同样的转变也从亨利二世开始发生在英格兰。

在我们研究区域的东端，证据就没有那么令人满意了，尽管我们还是能够找到与此有关的蛛丝马迹。一位斐济的小酋长跟我说起他的君主：“在菲瑙（Finua）的治下没有发生过饥荒，也许他的政府在天上看来还过得去，这是由于他放弃了强制劳役和征收首获的权力。”这样，这个岛的繁荣就被归因于酋长免除了两项沉重的负担。然而，这种迹象在太平洋地区确实非常微弱；这也没什么好奇怪的，南海诸岛的酋长并不分配正义，他们也很难说在我们的意义上进行治理；他们主要的功能是接收和送出盛宴，并 50

① xxvii. 14，转引自布洛赫，《国王的触摸》，第 582 页。

② 布洛赫，引文同上。

③ 布洛赫，同上书，第 33—43 页。

④ 同上书，第 30 页。

号令人们为公共节日工作、为贵族建造房屋或者打造一个官方的独木舟；这里面包含了仁慈，却几乎没有正义；这里也提供了制造礼仪失误的机会。在瓦伊努努（Wainunu）部落中，酋长们非常害怕犯下这类错误，以至于任职一段时间之后就让贤给别人。斐济人很是重视酋长出身于正确的世系：一个部落在我到访时正饱受匮乏之苦；他们认为这是由于政府给他们安排的酋长是来自传令官等级，而不是酋长等级的，他们抱怨已故的酋长“在死的时候把所有的食物都一起埋葬了”。母系部落可能将食物匮乏归咎于酋长来自男性亲属关系，而不是女性亲属关系。在印度，正当的继承方式是繁荣的前提，因为这事关法律与秩序。在佛教的启示录当中是这样描述这个时代最后的衰败的：“久而久之，那些世系来源不正当的王变得不再正义；大臣和其他也会变得不正义。因为这些人的不正义，神将不再降雨，庄稼也根本不会成长。”[①] 看起来印度人觉得篡位者无法实现治理的正义，斐济人也深以为然。天友（Devapi）和福身王（Santanu）两兄弟的故事从另外一个角度呈现了正义与继任的正当性之间的联系，弟弟福身王“自行加冕为王，哥哥天友则力行苦修。在福身王的王国里，十二年滴雨未下。婆罗门告诉他：‘你因犯罪而内疚，因为你越过了最年长的兄长而为自己加冕，所以神才不赐予你雨水’”[②]。

---

① 《未来史》（*Anagatavamsa*），《巴利文学会学报》（*Journal of the Pali Text Society*），1881 年，以及安德森（Anderson）的《巴利语读本》（*Pali Reader*），第 102 页。

② 《尼录多》（*Nirukta*），ii. 10—12，转引自 P. V. 卡恩（P. V. Kane），《印度法律的吠陀基础》（The Vedic Basis of Hindu Law），《皇家人类学会杂志》（孟买），1922—1923，76 及下页。

十三世纪的僧伽罗人认为，除非他们的王来自王室种姓，否 51
则他们就不可能有好日子过。尼桑卡·马拉（Nissanka Malla）国王告诫他的臣民说："如果你们希望日子兴旺，远离恐惧，维持你自己的家庭农庄，遵守祖先的风俗，保护你的追随者，那么，你定要从王室家族选择君主，而不是从其他的种姓当中。"[①] 这样看来，繁荣对正当世系的依赖只是更加广泛的规则的一个特定方面——如果臣民要生活昌盛，王须将一切都纳入正轨。

人们是怎样开始相信正当的王在臣民中间的正义之举会让六畜兴旺，五谷丰登的？乍看起来，这不过是对既有经验的糟糕解释：人们注意到在正义之王的治下比在暴君治下生活得更好，但他们并没有仔细分析这种一般的印象，而是模糊地将王的影响力扩展到应有的限度之外，而一个谨慎的观察者根本就不会这么做。但进一步的思考表明事情根本不是这么简单。为了观察一个王的治理效果，人们必须首先设立一个王，然后给予他恪行正义及捍卫宗教与道德法则的权力。不论第一步还是第二步，都显然不是出于习惯。世界上有的人就根本不会这么做。有些人根本就没有王；另外一些人，那些高度智慧的人，曾经有王，却宣称因为王反理性、反自然，从而抛弃了王。还有些人有王，但这些王跟正义无关，只是国家仪典的领导者；就像斐济人所说的，"他们只是待在那儿"；另一方面，我们自己的王曾经进行统治并主导正义，
但我们觉得更合适的方式是剥夺他们所有正义的和决策的权力。 52

退一步说，假设人们已经因为这个或那个原因设立了一个实

① 《锡兰金石录》，第二卷，第 162 页。

际统治的王，观察他们统治的效果是那么轻而易举的吗？事实上，评价统治者的政策和性格的影响是最困难的。比起同时代人，历史学家占据了更好的观察位置，却经常左右为难：恺撒到底是有益的还是有害的？提比略（Tiberius）曾经被认为是个魔鬼，如今又因为智慧而被赞扬。如果当时光消磨了激情，扩展了视野的时候，作出判断仍旧如此困难，在党派争斗的纷扰中进行近距离观察又当如何？有些人跟你保证是劳埃德·乔治（Lloyd George）赢得了战争；另外一些人同样肯定地告诉你，我们没有战败跟他没什么关系。一个党派因为贸易萧条的蔓延而谴责政府，政府的支持者激烈地反驳说，是前任政府制造了这些麻烦；但是，那些在选举中摇摆不定的中立的大众的看法非常类似于古人，也就是说，如果诸事不利，一定是因为一个坏政府。在所有这些不确定性当中，只有一件事是确定的，那就是，一个正义而道德的国王几乎不会是一个最成功的国王。法国国王路易十一的性格无可称道，但他为法国做的一切却得到了历史学家一致的褒扬，尽管这个别号圣人的路易为这个国家带来的好处也引起了严重的质疑。伟大的统治者就算有，也很少是圣人，而公众舆论恰恰将庄稼丰收的希望寄托于圣人。

如果人们无法通过观察得出结论，那就只有通过演绎推理；他们无疑是从既有信条中推论出上述观念的。因此，让我们回到我们的前提：王就是神，更确切地说是太阳神。根据这个前提，
53 我们追踪到了奇迹力量，这个力量与王的正义紧密相连，并依赖于王的正义。我们试试能否从太阳的某些特性中推导出王的正义。

我想印度的证据，对于说明王的奇迹效力是不够直接的，却是充分的。印度人完全相信太阳、月亮和季节的永恒运行和仪式

及道德秩序的恒久性之间的类比关系。实际上，吠陀吟唱者使用
同一个词“*ṛta*”来表达自然与道德的法则。[①] 伐楼拿是掌管二者
的天神，因此他的头衔是“法之主”。如今伐楼拿是最重要的王
者之神[②]；他一直被称作是王伐楼拿；他是君主，就像密多罗是祭
司；他是进入王的身体的几个神灵之一；一个叫作吞噬者伐楼拿
（Varuṇapraghāsa）的特别献祭将王和伐楼拿等同起来。因此，神
圣的王同时也被称作法之主，不丹直到今天还在使用这个称号。
伐楼拿在自然中的位置难以界定：他看起来与太阳有关，但只是
与太阳作为世界监管者的能力相关；语文学家认为他名字的真正
含义是天空，但也不确定；更加确定的是，他与天国、自然法则
和道德秩序有关。《百道梵书》直接将法则和秩序与太阳联系在一
起：“公正是火，真理是遥远的太阳；或者毋宁说，公正是遥远的
太阳，真理是火。”[③] 火是太阳在大地上的对应物，上述两种说法是
可以互换的。佛教的法轮无疑是太阳的象征；就像第三章所描述
的，当新皇帝表演转法轮的仪式时，他只是将太阳置于例行的轨
道，宇宙和人类的时间也因此有了节奏。“王以额头接受王室的授 54
职”，《方广大庄严经》记载：“王袒露右肩，右膝着地，用右手转
动法轮，说：‘转吧，庄严神圣的宝轮，依着法则的方向，不要与
之相逆。’”[④] 太阳作为法则与秩序的维护者的概念在僧伽罗人这里
体现为太阳的名字“Vimaladharmasuriya”，意为“无瑕之法则的

---

① A. A. 麦克唐纳，《吠陀读本》（*Vedic Reader*），第 9 页。

② 《百道梵书》，iv. 1. 4. 1 及以下诸页。

③ 《百道梵书》，v. 4. 4. 10。公正（right）=*ṛta*。

④ iii. 15。福柯的译本。

太阳”。这个概念甚至影响到了印度的原始部落，直到今天，奥朗人（Oraons）仍旧将他们崇拜的太阳称作 Dharmdevatā，公正之神，直接称呼他为“Dharmi”，即“义者”。[①]

S. 朗顿先生告诉我们，在苏美尔人那里“正义之神逐渐被太阳神所取代”。[②] 早在公元前 2400 年，苏美尔的一个王就说，“根据太阳神的法，他笃行正义”。[③]

像伐楼拿一样，埃及的太阳神拉（Ra）也被称作“判断之主”，稳定与忠顺是其鲜明的性格。他的女儿玛特（Maat）是“绝对规律与秩序的女神，道德公正与真理的女神”。[④]

柏拉图在他的《克拉底鲁篇》（*Cratylus*）[⑤] 中让苏格拉底如此抱怨早期希腊哲学流派：

> 他们中有个人说：正义（*dikaion*）就是太阳，因为只
> 有太阳是穿透（*diaïonta*）和燃烧（*kaonta*）的元素，是自然
> 55 的卫士。但当我高兴地重复这个美好的想法时，有人用讥笑
> 的口气说：你说什么？当太阳下山时，世界上就没有正义了
> 吗？当我诚心诚意地说出自己最真实的看法时，他说正义是
> 抽象的“火”。但是另一个人说：这个说法不太合理，正义不
> 是抽象的火，而是火中抽象的热。另一个人开始对这些说法发

---

① 克鲁克（Crooke），《北印度的大众宗教与民俗》（*Popular Religion and Folk-Lore of Northern India*），i. 9 及下页。

② 《塔穆兹和伊师塔》（*Tammuz and Ishtar*），第 72 页。

③ 金，《苏美尔人与阿卡德人的历史》，第 282 页。

④ 布雷斯特德，《古代埃及宗教与思想的发展》，第 45、171、250 页。巴奇：《死者之书》（*Book of the Dead*），第 4 页，注释 5。

⑤ 413。关于这一参考要感谢马尔斯教授。

> 笑了。他说：正义是心灵，这是阿那克萨哥拉（Anaxagoras）说过的，因为心灵拥有绝对的力量，不与任何事物混合，为一切事物安排秩序，穿越（*diaïonta*）一切事物。

这段文字顺带表明，希腊人和埃及人一样都承认太阳的运动，或者更广泛意义上火的运动和思维之间的亲和性；它们都具有普遍性的力量，都是动力因。我们还得知正义被认为是一种渗透进并控制所有事物的力量。有人认为正义就是太阳的辐射，还有人则认为正义的来源与太阳无关，反而将太阳包含在自己的对象当中。赫拉克利特断言，“太阳不会逾越自己的限度；否则复仇女神，正义的守护者，就会将他识破”[①]。总之，不论正义就是太阳，抑或超越太阳，其统辖的范围都超越了自然与人类事务。

在我们已经考察的这些人群当中，我们似乎可以达到一个普遍的共识，太阳就是法，他将自己强加到所有事物之上，同时，法又是与太阳不同的，因为它统治了太阳。

王的正义无可避免地是他作为太阳的后果。事实上，他作为太阳而存在的全部意义就在于通过赋予宇宙和部落以规律性而让大地与人得以丰产。如果太阳的照耀或带来的雨水与季节不符，大地就不会丰裕；王之统治无方亦是如此，灾难会接踵而至。他 56
不但要有序准时地履行仪典与司法功能，还要像太阳一样，强制自然与人遵守他的法。他的臣民中出现任何违背道德法的行为，都会干扰自然的秩序；因此，暴力或渎神的行为就是对王之

① 第尔斯（Diels），《前苏格拉底的残篇，赫拉克利特》（*Die Fragmenta der prae-Sokratiker*，*Heraclitus*），No. 94。

和平的冒犯，必须用罚金来赎罪。[①]一个女人承认自己犯了通奸罪，冒犯了法主伐楼拿，因此也就冒犯了作为伐楼拿的王。[②]破坏和平的行为与渎神是完全相同的一回事，或者用埃斯库罗斯（Aeschylus）的话说："恶意的暴行是渎神之子。"[③]

当康德说只有两件事让他充满敬畏，头顶的星空和心中的道德；当梅瑞狄斯（Meredith）吟唱道：

> 沿着远古的道路行进，等级有序，
> 这是永恒之法的军队。

这两位哲学家和诗人都使用了旧宗教的术语，这个宗教直到最近才被发现，但这丝毫没有影响它一直为人们提供表达的风格和华丽的形式。其实还不止于此，斯物已逝，留香犹在。天堂秩序与道德法则的古老的平行关系在今日虽只是一个追求表述之美的美好概念，但就最先发现这一平行关系的思想先锋来说，却是为了寻求更加确定的，甚至可以说是壮丽的结果。他们追寻的不是诗意的颤栗，而是通过解决无休止的天气问题而消除存在的不确定
57 性。在某种程度上，他们确实成功地消除了不确定性，但不是如他们所想是通过控制自然的力量，而是通过控制自己，并在无常的自然面前呈现出更加团结的阵线。

---

① 麦克唐纳和凯斯（Keith），《吠陀索引》（*Vedic Index*），词条"法"（*dharma*）。

② 《百道梵书》，ii. 5. 2. 20。

③ 《复仇女神》（*Eumenides*），534。

第六章
不死之食

在波利尼西亚众多令人愉悦的方式中，饮用卡瓦酒（kava） 58
的仪式是最令人愉悦的。卡瓦酒本身非常难喝，但它是无数友好的夜间聚会的来源，也让国家的功能显得庄严。这种酒的原料是一种胡椒的根，人们首先将其嚼碎、切碎或捣碎，然后将碎末放在碗里揉制成小颗粒，再用一束木槿纤维将这些固体颗粒粘附起来，接下来一边挤压木槿纤维束，一边将挤出的液体抖落在一个小垫子上。在挤压的时候，人们吟唱着赞美诗。一个出身传令官等级的仪典主持人指导着整个过程。当仪典主持人觉得挤压出来的液体已经澄清的时候，他就让持杯者将其分发给客人。在斐济，庄严场合中的持杯者总是一个出身高贵身体健康的年轻男子；在萨摩亚则是年轻女子。今天在斐济卡瓦酒可以随意饮用，就像我们喝酒一样，但上述仪式仍旧是必须的，只不过在私人场合里形式要比在公共场合简单一些。当然，并非一直是这么随意的，据说从前只有酋长才喝卡瓦酒，它也被用来献给神灵。既然酋长就是神，这两种用途便也是一样的。酋长的卡瓦酒显然是宗教性的，

呈献卡瓦酒

纳马塔（Namata），斐济

并伴随着赞美诗和祈祷。因此我们可以说，卡瓦酒是众神之饮。
59 食物通常与卡瓦酒一起分发，这被叫作“卡瓦酒的分配”。

卡瓦酒仪式是酋长就职的核心环节，以至于斐济人将“就职”干脆称作“饮用”。这也被用于祭司的就职仪式上，既然这一点透露了卡瓦酒的功能，就值得我们进行仔细研究。当女神“飓风之裙”的祭司死亡的时候，如果他有弟弟，“人们就会讨论一番，并对他说：‘你应该去喝卡瓦酒’，人们在庙里制备卡瓦酒，这样飓风之裙就会进入他的身体。这里所说的卡瓦酒之所以会以酋长相同的方式来制作，是因为祭司从前就是酋长，并因为神的缘故而被尊重；而神和酋长都是令人敬畏的”。我自己体验过卡瓦酒的神化效力，因为我曾经通过入会礼加入一个水精灵崇拜团体；这个崇

入会礼上的卡瓦酒

纳瓦图西拉（Navatusila），斐济

拜是晚近产生的，但模仿了几种古老的崇拜，这其中的一种是为了使男人刀枪不入。这种崇拜也被称作图卡（*tuka*），意为不朽。根据他们自己所言，卡瓦酒是“按照斐济酋长的方式”准备的；经过祈祷之后，我们饮下卡瓦酒，然后就被水精灵附体了。我自己的一根手杖涂抹了卡瓦，因此就变成了我自己专有的水精灵的神庙或居所，这个精灵将带给我好运。卡瓦仪式的效力非常清晰：它将神带给人，让人神合一，并且与不朽有关。

在印度也存在一种通过挤压过滤而制成的仪式性饮品，这就是苏摩（*soma*），这个词本身的意思就是挤压。这是一种含酒精的饮品，我们可以称之为白兰地。不过，其中的酒精含量很少。我之所以提到这一点，是因为《百道梵书》中有一个重要的讲法，

60 内容是“苏摩是饮品，白兰地是食物”[1]。把白兰地称作食物的具体含义并不清楚；食物这个词在这里的意义显然是基于仪式的。必须要记住的是，吠陀祭司会区分两种要素，食物和饮品，虽然说到食物和饮品，他们的意思并不一定是固体和液体。苏摩确实是非常重要的仪式饮品；事实上，它是吠陀仪式中最重要的牺牲之一。仪式是由祭司种姓的人控制的。[2] 仪式上也会出现赞美诗，音调比斐济的赞美诗高很多。其中的一首提到苏摩的诗唱到，“我们已经饮下苏摩，我们变成不死之身；我们向光明出发，来到神的跟前”[3]。换句话说，饮下苏摩的人已经精神性地飞升到天堂，列坐于众神之间，他们变成了不朽的。苏摩的功能和卡瓦酒是一样的：将人带到神身边。

既然苏摩自己就是神，一个王室的神，人们因此一直称呼他为苏摩王，那么，苏摩把人带到上帝身边也就不令人意外了。饮用者变成了最高的神。这只是一个普遍规则的具体表现，牺牲就是神，比如生主[4]、阿耆尼[5]、毗湿奴[6] 或者苏摩神，献祭者变成了牺牲[7]，因此，他“从人世飞升到众神身旁”[8] 是符合逻辑的。在苏摩神的案例中，这个过程前面已经引用过：“饮下的苏摩在我们心

---

① xii. 7. 3. 8.

② 见霍卡，《印度与太平洋》(India and the Pacific)，载《锡兰科学杂志》，G 分部，第 1 卷，第 61 页。

③ 《梨俱吠陀》，viii. 48. 3。

④ 《百道梵书》，iii. 2. 2. 4；参照 v. 1. 1. 2。

⑤ 同上书，v. 2. 1. 1 及以下诸页。

⑥ 同上书，v. 7. 2. 11；i. 1. 3. 1。

⑦ 同上书，ii. 5. 1. 7。

⑧ 同上书，i. 1. 1. 4 及以下诸页。

里，那永生的已经进入我们必死的身体”，苏摩变成了“身体的保护者，”并且“安住在躯体的每个部分”。作为不死之物，它赐予人长生不老；这不是说饮下苏摩的人不会死，而是免于疾病：
“你，荣耀者，赐予自由的甘露，我饮下你，你将我的关节都连在 61
一起，仿佛组装一辆车。让那些甘露保护我，不要让我失去肢体，保护我远离所有的疾病。”免于疾病即是长生：“小恙已经消失，恶疾不见踪影，苏摩已经赐予我们威力：我们从此生命久长。”长寿本身就是不朽的一个部分：“他实际上已经命过百岁，甚至更多，他获得了永生”，《百道梵书》如是说。[①] 除长寿之外，不朽的剩余部分将在另一个世界实现；饮苏摩者死后将在众神中获得一个位置，苏摩在赐予永生一事上的效果如此显著，它甚至因此被称为安瑞塔（*amrita*），即“永生不灭者”或者“不朽”，就像水灵的卡瓦酒能够带来财富一样；它的虔信者变成了“财富的主人”。我不知道任何外用苏摩的方式，但令人好奇的是，《百道梵书》[②] 认为饮用苏摩相当于一种涂油礼：“他喝掉了苏摩；这样他就为自己（即自己永生的部分）涂油；[③] 他的整个存在中的这一部分自我被苏摩涂油，也就是被不朽涂油。”

为了准备苏摩，他们首先要将其压碎，因为苏摩是神，所以他们也就压碎了一个神和一个国王，“通过挤压出国王，他们杀死了他”[④]。苏摩王因此被认为是一个被杀死的牺牲。但在杀死神时

---

① x. 2. 6. 8.

② ix. 4. 4. 8.

③ 同上书，ix. 1. 2. 33 及以下诸页；3. 3. 13；5. 1. 1 及以下诸页。

④ 同上书，ii. 2. 2. 1。

会产生罪恶，因此他们挤压苏摩时会说："我在这挤压某某，不是挤压你"；这样就不会犯罪。[①] 但是这牺牲虽然被屠杀，却不会死去，它会再次站起来；因为苏摩的身体"巍峨如山，坚如磐石"；现在他们用石头碾压他，石头就是他的身体；所以祭司"用这个身体让他变得完美，让他变得完整；……他站起来了，他活过来
62 了"[②]。牺牲的复活在其他物的案例中体现得更为鲜明：他们压碎了稻米并因此杀死了它；之后通过适当的过程，他们赋予稻米以呼吸、生命和眼睛，"因为这些是生命的属性"[③]。

卡瓦与苏摩的相似性不是表面的，事实上从表面上看几乎没什么相似之处，只有当我们剖析了信条和仪式时，我们才发现两者在诸多方面都彼此吻合：制作方法、赞美诗、两种要素、涂油礼、王权、神圣化、不朽、繁荣。它们的物质基础确实不同：卡瓦不是苏摩，但现代印度的苏摩和古代的也不是同一种植物。尽管使用的物质不同，但仪式都是一样的。

不死之药并非专属于印度。它已经成为那个未知人群——其语言扩展到欧洲大部及印度——的共有财产。希腊人已经把这个财产丢失了，但他们保留了相关的记忆。他们称其为 *ambrosia*（不死之食），和 *amrita* 是同一个词，意为不死。他们有点把它弄混了：通常他们称其为甘露，而将 *ambrosia* 这个词用来指食物，但有时他们又说吃甘露而饮用 *ambrosia*。[④] 萨福（Sappho）描写道：

---

① 《百道梵书》，iii. 9. 4. 17。

② 同上书，iii. 9. 4. 2。

③ 同上书，i. 2. 1. 21。

④ 阿忒纳乌斯（Athenaeus），39a。

“他调制了一杯 *ambrosia*，赫耳墨斯拿起小酒瓶，为众神充当持杯者。”如果最初这两个词，食物和饮料，在印度都是在纯粹仪式的意义上使用的，那么这种不确定性就容易理解了。不管怎样，希腊人还记得存在两种要素。他们将不死之食和甘露看作是专属于诸神的食物。伟大的理性主义者亚里士多德认为他找到了传统的漏洞：“神怎么可能是不死的，”他问道，“如果他们需要食物”。但他是以
后来的不朽观念为出发点的。对哲学家来说，“不死”意味着其本 63
性是不可能被破坏的；但我们看到，这不是他们遥远先辈的意思；那时还没有形而上学家；他们的目标仅仅是将人的位置提高，使其免受疾病和衰老之苦，以及确保在死后仍旧能够继续存在；不朽主要就在于让死亡走投无路，饮用不死之食就可以做到。在那个时代，诸神确实饮用不死之食。传统是对的，而理性主义者错了。

通常是由一个美丽的少年或者风华正茂的少女——事实上就是青春女神自己，为众神奉上不死之食或甘露。像卡瓦酒一样，不死之食不仅能够内服，还能够外用。因此赫拉“首先用安布罗西亚食将娇美的身体上所有的垢污去除”[①]。

在日耳曼有一种旧风俗叫作米尼饮（Minne drinking），是通过与神灵或死者共享饮料来纪念他们，具体细节我们所知不多；但我们确实知道潜藏在这一风俗背后最重要的观念。一位基督教作家说高隆庞（Columban）曾经见到过苏艾维人（Suevi）的米尼饮，“我们清晰地意识到，有一个魔鬼藏身在酒杯里面，他通过异

① 《伊利亚特》（*Iliad*），xiv. 170。（此处译文引自《伊利亚特》，罗念生译，上海：上海人民出版社，2004 年，第 350 页。其中“安布罗西亚”即 *ambrosia*。——译者）

教徒的祈祷而攫取了奉献者的灵魂”[①]。

如果要理解古代宗教，理解现代的宗教信仰是必经之路，我们必须集中关注两者的共同点，并以此为基础去探索古代诸宗教的独特之处。如果我们像其他人一样，因为恐惧或者偏见而拒绝将现代宗教当作古代宗教的历史延续，我们就很容易会谴责后者
64 是孩子气的无稽之谈，或者是愚蠢的捏造之物，我们也会同样谴责自己，或者谴责数以百万计的同时代人，包括我们这个时代最优秀的灵魂，他们仍旧以一种更加精致化和精神化的方式实践着古代的仪式。大部分欧洲人仍旧在饮用不死之食，尽管他们不再使用这个名字。实际上，他们已经将不死之食精致化和精神化得面目全非，没有任何宗教领袖会承认他们的信仰与遥远过去的令人不快的观念有任何关系；然而，两者毕竟紧密相连，那些无学识的大众，尤其是南欧人，理解自己宗教的方式就往往和吠陀一样粗糙，甚至有过之而无不及。然而，通过文献研究，我们会意识到自已知的最早的对古代印欧文化的推测以来，我们的进步有多么渺小，又有多么巨大。

目前，我们首先来谈两个因素，即上帝的身体与血，以及被献祭的儿子：“全能的上帝，我们恳求你赐下恩惠，使这些礼物完全成为……蒙悦纳的。并且向我们成为你的爱子，我们的主耶稣基督的圣体及圣血。”注意这里神被表述成一个王，“我们的主（Lord）”。神是不死的牺牲：“这是我立约的血，信德的奥迹，为多人流出来，使罪得赦。”行将死去的牺牲并没有真的死掉，反

① 格林，《日耳曼神话学》，第 59 页。对于一般意义的印欧人材料，见 G. 杜梅齐尔（G. Dumézil），《长生宴》（*Le Festin d'Immortalité*）。

而重新站起来并永生不死。“乃生乃王世世。”这里再次出现了王权的概念。不死，牺牲被赋予了永生。“永恒的生命之粮，救恩之杯。”这些词不过是不死之食的放大版本而已。“但愿吾主耶稣 65
基督的圣血，保障我灵魂达于永生。”永恒确实是弥撒中反复咏叹的主题：在圣礼开始和结束的时候都会说，*per omnia saecula saeculorum*，“直到永远”，圣餐也是以同样的热望说，*in vitam aeternam*，“直到永生”。弥撒无疑是关于这一主题的神秘展演：“神爱世人，甚至将他的独生子赐给他们，叫一切信他的，不至灭亡，反得永生。”[1]弥撒经书和祈祷书在神与其崇拜者关系的确切本质这一问题上，明智地保持沉默。圣餐之前的劝诫告诉我们，“我们在精神上吃基督的肉，喝基督的血，我们在基督里面，基督在我们里”。上帝和领圣餐者便像在苏摩仪式中一样合而为一，当然意义并不完全相同；纯粹的基督教精神反对精确地描述这个意义，但总是有人渴求精确性，并希望能够将这一意义形象化，我们来看一下《古代与现代赞美诗》（*Hymn Ancient and Modern*）第 324 首中的两行，这也是圣餐赞美诗之一：

基督啊，温柔的救主，
您正内在于我。

这里的空间概念之粗糙与吠陀相比实在不遑多让，这也表明我们是多么容易就可以回到古时的观念；只要我们将现代信条以空间

① 《约翰福音》，iii. 16。

和物质的术语来表达即可；在罗马天主教当中，不论是虔信的大众还是他们思想自由的对手，都很乐于这么干。其中的距离既微
66 若秋毫又遥不可及！新宗教的形式莫名地让人想起旧宗教，但其精神又迥然相异。其中差异也就是物质与人们对精神世界之一瞥之间的差异，而精神又需要靠物质的术语来表达自身。我们再不会期待不死之食能够免除疾病或灾祸；而意大利的农民却会将彩票放在祭坛上祈求幸运，瓦利斯（Wallis）岛民则想象可以通过念诵弥撒杀死敌人[①]，这些行为作为弥撒的某种降格形式，都是古代宗教遗留下来的观念。不朽再不是通过仪式或者咒语避免由于灾难导致的生命消逝，而变成了亚里士多德所期待的永恒性。灵魂本质上就是不朽的，完全不依赖献祭，唯一的问题是，不朽究竟面对的是极乐还是苦难。但弥撒文本上并没有区分好的不朽还是坏的不朽，只是一味祈求无条件的永生。如果我们只有弥撒文本可以依赖，我们就会觉得弥撒的目的和苏摩献祭一样，就是寻求灵魂不死。事实上，弥撒文本一直保持了旧的表达形式，并没有随着教义的变化而变化。

人们当然也要求获得此世的福利，但也都是精神化的："使我们在平安中度日。"在吠陀仪式当中也存在免除罪的环节，但他们所说的罪更多是指仪式上的错误，而不是在上帝面前的不当行为；没有任何迹象表明吠陀仪式中存在悔恨，而正是这一点给予了基督崇拜强大的精神力量。

我在上文中已经触及的一个主要的差异，是基督教中的神与

① 《马纳》，《人》，1914年，第46期。

人的关系不是空间性的，事实上，基督教根本就没有给出精确的界定。我们可能会因为圣餐的前提和话语的形式而期待领圣餐者会成为神，但这和只崇拜唯一的真神是不相容的，也跟我们更加 67
精神化的神的观念不相符。当神不过是某种物——比如太阳、月亮或植物——的本质或者副本的时候，吠陀宗教的崇拜者可以合理地宣称自己在某些时候会变成神，斐济人在成年礼当中想象自己变成了某种常见的精灵，这会让我们会心一笑，但并不会过于惊诧；但如果有人宣称自己与无边宇宙的永恒无限的创造者一样，就会让人觉得荒诞与震惊。逻辑上的结论并不因此就是清晰的：领圣餐者可以与基督同在，却不能变成基督。这是如何可能的，并没有得到解释；奥义取代了逻辑；这就是我们与圣餐仪式的创立者之间的主要差异。与所有通常的观念相反，他们才拥有严密的逻辑，而我们才是非理性的没有逻辑的人；我当然不是说所有事情都如此，还有什么比现代科学更严守逻辑的呢？我要说的事情是，古人用他们自己原始的方式想出来的东西，我们用自己也不能理解的方式保留了下来，这些东西中包含了很多心理学的价值，而其最初的原因则已经被抛弃了。古人思考的是达到目的的手段，他们心中有着明确的目标——健康与兴旺；当人们为了目的而发明各种手段的时候，他们的思考是遵循着特定的思想法则的，我们称之为逻辑。但是，由于人们发现这些发明出来的手段不敷用，目标便早已经被抛弃了；而很多手段由于高度的情感价值而被保留了下来；另外那些没有情感价值的手段，则由于不能自圆其说的风险也被抛诸脑后了。要同时满足情感的需求和逻辑的严密，是不可能的。当我们推导一个观念的逻辑结果的时候，

可能会碰巧发现一系列有巨大精神价值的观念，但也同样可能遭遇到其他无关紧要甚至令人厌恶的观念，这些观念因此可能是有
68 害的。我们可能会崇拜婆罗门教作家的通彻性，他们可以把他们的法则推演到最细微的结论，但我们对这些结果毫无兴趣；争论往往都纠缠于琐碎的末节，让人不胜其烦甚至惊愕不已；但没有了这些，整个逻辑就会轰然倒塌。这些争论确实被取消了，而整个逻辑也真的倒塌了，以至于教会都不再依赖这个逻辑系统来确立正当性：要从前提逻辑地推导出结论，就违反了“信仰的奥义。”据说特土良（Tertullian）教父就曾经说过，“我信仰，因为我不理解”，而理性主义者曾经渴望批评护教学专家那些看似严肃的轻率言论，但特土良才是对的：人们唯有当不理解的时候才会有信仰。我们可以看到，在当下理性化的行为不仅使宗教热情逐渐枯萎——宗教的价值另当别论，甚至那些理所当然的冲动，比如对后代的渴望以及对部落和种族的忠诚，也日渐式微，对于这些事，逻辑原本只是起辅助的而不是主导的作用。

吠陀宗教与基督教之间的差异并非原始与发达之间的或古代与现代之间的差异，而是一个系统的开端与结尾之间的差异。最初，思想是被实际需求所形塑的，除非是为了实践性的目的，即为了解决问题，否则人们是不会去创造新的思想途径的。实际需求用来塑造思想的粗糙模子就是现实本身，这个模子纹理粗糙，凹凸不平，不符合我们的期待；但当人们凭借思考从赤裸裸的现实需求中摆脱出来之后，便开始打磨自己的思想，使其形式更加符合人们的愿望；但思想的形式看起来越顺眼，就会变得越没用，最终，人们在这条路上走得太远了，这些思想也就完全没意义了。

宗教就是如此，艺术也如出一辙。最初人们建房子是为了遮
风避雨，说话是为了传递信息；但在这个过程中，人们经常获得
令人愉悦的艺术效果；这种艺术效果在已经没有实际价值的时候，69
却经常因为自身的美感而被继续发展并保留下来。当赤裸的实用
性被穿上了衣服，而不是被装饰品淹没的时候，艺术就得以圆满
了。太早期的形态过于粗鄙，而晚期的形态又过于轻浮，都不会
让人真正愉悦。至于基督教究竟达到了哪个具体阶段，我们都既
无知又好奇，根本无法根据知识作出毫无偏见的判断。

第七章

加冕礼

70 比较语言学专家的成功大部分都源自将语言细分成最小的发音元素。他们将词语当作是发音组成的群，其中有些发音保留下来，有些则发生了变化或者干脆消失了，最后整个群的样貌都因此而日渐不同，最终变得面目全非了。这也是我们研究人类其他精神创造物的不二法门。下文中我们即以此方法来处理加冕礼。加冕礼包括了数量众多的礼仪和规范，其中一些显然是恒常不变的，而另外一些则会发生变化甚至彻底消失。为了方便理解，我们会按照字母顺序对这些构成要素进行编号，这样我们就能够清晰地看到，在每个国家里，哪些元素仍旧存在，哪些元素不见了，并将那些仍旧存在的元素在不同地方所呈现的不同形式进行比较研究。没有任何地方的加冕礼包含了下面列出的所有元素，但假设存在一个这样的加冕礼，那么应该是这个样子的：

A. 基本的原理是王（1）死掉了；（2）又重生了，（3）而且是作为一个神重生的。

B. 在加冕礼的预备阶段，他要斋戒，并进行其他苦行。

C.（1）那些不能接触牺牲的人，比如陌生人、罪犯、女人和
儿童，要被隔离在仪式之外，并且不能知道任何有关加冕礼的知 71
识；（2）一个全副武装的士兵负责防止仪式被偷窥。

D. 设定某种形式的安息日，人们都像死人一样躺着，不许发出声音。

E. 王必须通过（1）武器或者（2）礼节进行仪式性的战斗，（3）并取得胜利。

F. 王会被告诫要（1）依据正义进行统治，（2）并为此作出承诺。

G. 他要接受一到两种形式的圣餐。

H. 人民会在某一时刻沉溺于（1）污言秽语或者（2）滑稽诙谐的狂欢。

I. 王会被授予一套专门的服装。

J. 王要被用水洗礼，

K. 并用油脂行涂油礼，

L. 与此同时，一个人牲会被杀掉，

M. 喧闹声、欢呼声四起，人民欣喜若狂，

N. 酒宴齐备。

O. 王戴上王冠，

P. 穿上鞋子，

Q. 接受其他王权的标志，比如佩剑、权杖、戒指，等等，

R. 王坐在宝座上。

S. 王用三个仪式环节来模仿初升的太阳，

T. 在仪式的结束之后，王要巡视整个王国，并接受封臣的敬意。

U. 王获得了一个新名字。

V. 王后与王一起接受祝圣。

W. 王的封臣或者官员也要接受祝圣，或者在加冕礼当中，或者在王巡行的途中。

X. 参加仪典的人都被妆扮成神灵，有时还要戴着面具，

Y. 这些面具可能是动物的形象，以便将戴面具的人等同于某种动物。

Z. 在王权涵盖的范畴之内，王可能会被圣化好几次，其规格每次都会提升。

72 其中，V 和 W 两条需要另外的章节专门论述，所以本章不会讨论；直到研究入会礼的时候，我们才会充分讨论 X 和 Y 两条。

我们首先要检视的是斐济人现在的仪式。我会采用一个拉坎巴岛莱武卡（Levuka）的部落土著的话来描述乌尼瓦鲁（Vunivalu），即姆巴乌岛（Mbau）的战争酋长，是如何被加冕成莱武卡的图伊（Tui），即莱武卡之王的。

"莱武卡人带着一大张树皮布来到姆巴乌岛。在仪式举行之间的一周左右，人们准备好烧柴、打好水，攒够了当作盘子来使用的树叶，仪式结束之后，人们都要留在屋子里，所以要准备好必需品。卡瓦仪式非常困难，姆巴乌岛和太勒乌岛（Tailewu）的每个贵族都提前来到格林岛（Green）。所有的莱武卡人都戴上头巾，而其他人不带头巾，手臂上也不佩戴任何饰品。如果一个莱武卡人看到其他人戴了头巾或饰品，他会上去一把扯下来。有三个人负责制作卡瓦酒，当酒杯斟满之后，负责持杯的人将杯子举到与肩同高，走路时还会交叉双腿；人们一边拍手，一边用脚合拍

为酋长准备卡瓦酒

姆巴提奇（Mbatiki），斐济

持杯者

姆巴提奇，斐济

子，脚落地的时候，手也会拍响，拍子从来不会乱。酋长的一只手臂上系着臂带，但他不能用这只手拿杯子，否则会被罚款。当他接过酒杯的时候，各个村子的酋长也随之而饮。在塔克姆巴乌（Thakombau）酋长的加冕礼上，恩达乌拉坎巴（Ndaulakemba）和梅图伊塞拉（Metuisela）的父亲两人各持臂带的一端，一边将臂带裹在塔克姆巴乌的手臂上系好，一边说：‘让我们把树皮布系上，这是你的食物之布，这是你的富足之布；你要尊重他，因为他是你的主人。’然后，这两个人撤掉卡瓦酒，同时献上四百个鲸鱼牙齿，他们带着鲸鱼牙走到酋长面前，走到一半的时候还要交叉换位。酋长张开双臂，他们将鲸鱼牙挂在酋长的手臂上，直到
73 酋长撑不住鲸鱼牙的重量为止。之后，酋长将鲸鱼牙放下；接着再将剩下的鲸鱼牙挂一次。姆巴乌的贵族们都将自己的衣服脱下来送给制作卡瓦酒的人；每个人都得到一捆树皮布。

“在酋长喝光卡瓦酒的那天，所有人都不能走出门外，小孩也不允许哭闹。这样持续四个晚上。打水的人回来之后，会在房屋门前大喊一声‘水！’里面的人就会打开门，一个或者两个大水罐被送进屋里；门再次紧闭，谁也不能出去。夜幕降临的时候，人们开始制作卡瓦酒，黎明到来的时候再制作一次。接下来的四天里都是如此。这几天夜里，乌尼瓦鲁和恩达乌拉坎巴都睡在户外。这几个夜晚，户外也不能有灯光。如果有独木舟点着灯驶过来，这两个人就会冲过去抓住它。这也是卡瓦仪式令人害怕的原因，任何人在户外被抓住，都会被罚款。在第四个夜晚要结束的时候，酋长要用清水洗澡，人们会朝天空鸣放毛瑟枪，所有人都马上知道酋长已经沐浴过了。之后，人们就都可以自由活动了，

那些希望从海上或者陆地上前来姆巴乌的人也都可以来了。从前，当姆巴乌的酋长准备沐浴的时候，索索（Soso）村和拉萨卡乌（Lasakavu）村的人会悄悄去某个村子杀个人，以前他们会把这个人拿来做沐浴时的宴席，他的身体被献给莱武卡的酋长，烤一烤就吃掉了。”

我们的报道人忽略的几个细节——我在其他的地方曾经听到过，据说是在斐济普遍存在的。在仪式开始之前，小孩都会被送到村落外面去，以防他们哭闹，女人也会被送走。携带棍棒的男人站岗执勤，确保没有人说话，也防止仪式开始之后有人闯入。所有违规的人都会被处罚。在仪式过程中，有时候一个或两个携带棍棒的男人会来到新酋长跟前，要求为酋长战斗，做他的护卫。前文中提到的告诫只是对人民说的，而其他的相关报告说，仪式 74
的主持者在给酋长的手臂系上树皮布的时候，或者系树皮布之前会说：“要善待你的臣民，不可暴躁，让你土地上的人都安乐，要经常邀请他们到你跟前，只要你善待他们，他们就会乐于有你相伴。”持杯者交叉双腿走路是普遍存在的现象，也有人说，持杯者会故意举止怪诞，但任何人胆敢发笑都会被惩罚。我必须得重申，姆巴乌的酋长从前是被加冕为乌尼瓦鲁的，而拉坎巴的酋长则被加冕成洛克·萨乌（Roko Sau），过一段时间之后，又被加冕成那亚乌（Nayau）王。这一系列酋长权的级别，在斐济的其他地方也存在。

斐济酋长加冕的这套规矩，与酋长的葬礼上礼仪大部分都是重合的。当一个酋长死去的时候，小孩也要被送到村外，不许哭闹，不许哀嚎，不许拍打树皮布，总之不能制造任何噪声。哀悼者待在专门的哀悼房子里面，直到拍打树皮布的板子重新响起，表明又可以制造树皮布为止。酋长死后，人们会在村落的绿地上举行一个盛大的宴会和卡瓦仪式，“仪式上的一切都按照贵族的风尚来安排，因为死者就是个贵族”。最后一个哀悼的夜晚，男人们会来到女人的房间，开开玩笑什么的，惹得女人哈哈大笑。在世界上的很多地方，死亡经常都伴随着玩笑和戏谑，当我们遭遇仪式性的玩笑时，最好想想是不是有人死了——不论真的死了还是象征性的，或者这些玩笑是否跟某个死者的灵魂有关。最后，在哀悼的尾声，人们会为死去的酋长沐浴，并且杀死一个老头，然后吃掉他。结论很明显，酋长的圣化和死亡仪式是基于相似的逻
75 辑构成的，因为它们的主题是一样的，这个主题就是死亡，一个是真正的死亡，另一个则是虚构的。

玛瓦纳图伊（Tui Mavana）是向风群岛（Windward Islands）的一位酋长，他的加冕礼上有一个我们在其他地方都没有看到的环节，似乎可以为理解仪式的意义提供宝贵的线索。在卡瓦仪式之后的四天夜里，酋长被老人们轮流抱在怀里，悉心照看。除了天数不同以外，人们也用同样的方式照看酋长刚刚出生的长子：女人们喂养他十个夜晚，绝不会允许他接触地面，然后这些女人会用清水给他沐浴。这两个仪式的相似性表明，在加冕礼上，人们认为新的酋长再次出生了，可我们刚刚才说人们认为他死了。如何调和这两个解释？这对世界上任何有仪式知识的人来说都不是什么难事。死亡即再生，是最普遍的概念之一，斐济人对此并不陌生。在奈克卢（Nakelo），如果酋长死了，“他们就把尸体搬去河畔，在那里有鬼魂摆渡人来接奈克卢的鬼魂渡河。在酋长的

最后一段旅途上，这些狂热的追随者趴在地上，用身体遮护住酋长的尸体，因为‘他的灵魂只是个小孩’”[①]。玛瓦纳王的加冕礼非但没有推翻仪式性死亡的解释，反而肯定了它——要想再生，就必须先死亡。

酋长是作为什么身份而再生的？斐济人并没有给出清晰的解释，很可能连他们自己也弄不明白。我们只能靠自己推理。我们知道，在仪式上饮用卡瓦酒会让饮酒者招神灵或死者的灵魂上身。我们还知道，树皮布经常被用来捕捉和保存神灵与灵魂，寺庙里通常也都挂着树皮布，充当神灵降临宣示预言时的通路。一 76
个玛图库（Matuku）的传说清晰表明了树皮布在加冕礼中的功能就是如此。这个故事说，一个神灵送给一个玛图库人一条蛇，这条蛇是该岛所有贵族的祖先神。神灵用树皮布打了一个结，说：“拿着，这是王权之布，你们要加冕一个酋长的时候，手里要拿着蛇，把树皮布系在酋长的手臂上。”贵族们接受了这个指示，从此以后，每当雅罗伊岛（Yaroi）之王加冕的时候，他们都会在他的手臂上系上树皮布，并保留四个晚上。最后，树皮布被从酋长的手臂上褪下来，把结系紧，收藏在一个盒子里面，成为“土地之布”。当酋长死去的时候，这块布要随着他一起埋葬。这些材料帮助我们理解了斐济人的仪式：神灵藏在树皮布中来到酋长跟前；他以卡瓦酒的形式进入到酋长的体内；酋长旧有的自我死去，神灵作为一个新自我取而代之并被悉心喂养，再经过清水沐浴洗掉子宫带来的不洁。

---

① L. 菲森牧师（Rev. L. Fison），引自弗雷泽，《金枝》第二版，第一卷，第250页。

斐济加冕礼仪式的要点可以罗列如下：

A. 理论：死亡并作为神再生。

C. 排斥妇女和陌生人；全副武装的守卫。

D. 沉默，寂静，仿佛死亡一般。

E. 守护者为酋长提供服务，然而，并没有战斗。

F. 酋长被告诫要温和施政。

G. 饮用不死之食，分发食物。

H. 滑稽表演。

I. 系上王权之布。

J. 仪式性的沐浴。

L. 为了酋长的沐浴而杀死人牲。

M. 酋长沐浴后的喧闹和欢喜。

N. 酋长沐浴时的盛宴。

O. 没有授予王冠的仪式，但除了被给予特权的氏族之外，他是唯一可以佩戴头巾的人。

77 Q. 没有授予特别服饰的仪式，但酋长拥有珍珠贝壳和象牙制成的佩戴于胸部的护片，传说和历史中也描述了用以授予王权的服饰。

T. 有时，在加冕仪式结束之后，酋长会巡视封臣的领地，以取得所有权。封臣用卡瓦仪式和地方特产来欢迎他。整个旅程并非环形的。

U. 不能说酋长获得了一个新名字，但他个人的名字会被回避，人们提及他时会称呼他为“主人”，或者使用他的头衔，或者人们会说，“来自大房子的那个词”。

Z. 圣化分为好几个级别。

印度的加冕礼比斐济的丰富太多了，就因为太丰富了，反而很难从中筛选出最核心的材料用于我们的比较研究。

A. 令人欣慰的是，在斐济只能靠推理构成的理论，在《百道梵书》[①] 中却以平白的语言表达出来了。该书说，主礼祭司将一件称作塔皮亚（*tārpya*）衣服授予国王，同时“说道：‘汝乃王权的内胎膜。’然后，他让国王从王权的内胎膜中出生”。祭司又授予王第二件衣服，“说道：‘汝乃王权的外胎膜。’他让国王从象征统治权力的外胎膜中出生。然后，祭司扔给国王一件斗篷，说道：‘汝乃孕育王权的子宫。’他让国王从孕育王权的子宫中出生。祭司之所以要让国王穿上衣服，就是为了让国王出生”。还需要说得更清楚吗？我确实没有找到任何涉及死亡的说法，但死亡是再生 78
的前提，如果不事前死掉，是不可能再生的。

B. 准备圣化仪式的过程中还包括斋戒。印度人原本就有禁欲主义的倾向，他们非常强调斋戒和苦行的意义，认为这是通往神性之路。而斐济人却热衷于尘世享乐，他们痛恨饿肚子，即使是为了仪式目的，也懒得自我节制。在印度，每个对统治权有雄心的人都绝对必需要经历一段时间的隐居和斋戒，才能配得上他渴望得到的职责，比如前文第三章所述大善见王的例子就是如此。[②] 在婆罗门教当中，斋戒是传法（*dīkshā*）的一部分，也是所有大型献祭仪式必须的预备环节。

C. 没有接受成年礼的人，即首陀罗——等级低下的人，女人

---

① v. 3. 5. 20 及以下诸页，如无另外说明，下文关于古代印度礼仪的引文都来自这本书。

② 《长阿含经》，iii. 60 及以下部分。

和小孩都不许参加王的圣化仪式。[1]

E. 在本书的第三章当中，我们已经描述了国王发动的与魔鬼之间的巫术战争并取得胜利的情形，以及国王与另外一个人的模拟战争。没有什么能比泰米尔人的习俗更清晰地说明战争胜利——不论是靠咒语还是武器——对国王即位是多么必要了，下面的笔记来自 P. 拉玛纳坦（P. Ramanathan）爵士的惠赠：“从纳齐纳尔齐尼雅尔（Narchinarkiniyar）对佛经的评论来看，似乎围城胜利的国王都会在进入敌人城池的时候举行加冕礼。”

F. 我们拥有锡兰第一个佛教徒国王圣化仪式的详细描述材料，三个贵族种姓的代表会轮流告诫国王须依正义施政。[2]

G. 苏摩，我们认为和波利尼西亚的卡瓦酒是一样的，在印度
79 人的圣化仪式上也会多次出现[3]；但苏摩不像卡瓦那样是仪式的高潮，实际上，在无数琐碎的指令与旁白中，苏摩很容易被观察者忽视。

I. 在衣服被授予印度国王的时候，文本也描述了这些衣服的功能：它们代表了子宫的两种膜，国王要钻进去，才能够获得再生。它们被称作统治权或者王权的胎膜和子宫。在给国王披上子宫之衣以后，祭司递给国王五个骰子，说：“你们是主人；愿你们所统治的五方（即东西南北和上方）全都被收纳到你们身上。”王权因为骰子的决定而被认可，这让我们回想起西藏的达赖喇嘛和

① 《百道梵书》，v. 3. 2 . 1。

② 《大统史复注》（*Mahavamsa Tika*），第 213 页。

③ 《百道梵书》，艾革琳译，《东方圣书》，xli，第 42 页注释 1，第 68 页注释 2，以及第 xii 页。

鬼王争雄的游戏，并将我们带回到加冕礼当中的胜利观念。

J. 用水清洁在斐济仅仅出现在仪式结束的时候。在印度，清洁是圣化仪式的顶点，甚至整个献祭仪式都是以清洁这个环节来命名为 *abhisheka*（灌顶）。位于阿旃陀（Ajanta）的壁画中绘制了灌顶的方法：国王坐在宝座上，两边各有一个男人高擎水罐将清水倒在他身上。特别需要注意的是，在所有的壁画中，不论是王室的，还是其他什么人的，灌顶都要用两股水流。我所知的唯一例外是在锡兰，那里给国王灌顶时使用三个右旋海螺，先后是一个金色的，一个银色的，还有一个本色的。国王面朝东方，太阳的方向。[①] 清洁仪式毫无疑问就是出生后的洗礼，因为当祭司给王披上子宫之衣的时候心里想："我要在他出生时为他行涂油礼。"

K. 在被用各种水涂油之后，国王要接受用澄清过的黄油的涂
油礼。这显然仍旧是清洁仪式的一部分，黄油不过是所用的各种 80
液体中的一种。在拘萨罗（Kosala）王后的国王加冕礼上，人们用三个海螺来倒油，这跟锡兰用水的方法是一样的。

L. 早期，在清洁仪式的这一天，一个人牲会被杀掉。[②]

O. 一个金盘会被放在王的头顶，这个盘子代表太阳。

P. 一年之后，王开始剪头发，并且穿上鞋子。

Q. 王会得到一柄名为霹雳的木剑，如今任何一种驱逐魔鬼的

---

① 赫琳海姆女士（Lady Herringham），《阿旃陀壁画》（*Ajanta Frescoes*），图版第 xii 页。《大统史复注》，第 213 页。《百道梵书》，v. 4. 2. 1。《克什米尔王编年史》（*Rajatarangini*），iii. 239 及以下诸页。

② 艾革琳为《百道梵书》写的导言，第五部分（《东方圣书》，xliv），第 xxxv 页。

献祭物都被称为霹雳。

R. 王在仪式上的宝座代表了子宫。

S. 在戴上王冠一段时间之后，王会模仿毗湿奴神走三步，三步跨过大地、空中与天上，因此进入了神灵的领域。

T. 我们已经描述了大善见王在变成皇帝的时候如何出发去巡视他的新王国，他从东方开始，沿着太阳的轨迹前行，在东西南北四个方向，他接受诸侯王的敬意和宣誓。在梵书记载的仪式里，王依次“飞升”到东南西北四个方向，但这个巡游是围绕献祭之地的祭坛进行的。

U. 最后，在圣化仪式结束时，王会获得一个新名字，因为《百道梵书》记载：“已经被圣化仪式圣化的王拥有两个名字。”

Z. 王权包含了各种不同的级别，相对应的圣化仪式也区分成不同级别，其中最高级别的仪式是非常难以进行的马祭，这个仪
81 式可以授予王最普遍的统治权。在佛教徒当中，最高的级别是转轮王。

现代柬埔寨的仪式起源于印度。其名称 *aphisêk* 实际上就来自梵文 *adhisheka*（灌顶）。[1] 因此可以这么说，这个仪式只相当于印度语族中的一个方言，并不像斐济的仪式那样，是一门独立的语言。但不论如何，柬埔寨的仪式都是值得研究的，作为一个附属的分支，它在某种程度上代表了婆罗门教的一种别样传承。事实上，我们在柬埔寨所发现的仪式特征确定无疑是来自印度，但印度的作家却没有相关的记录，甚至完全没有注意到这些特征，它

---

① A. 莱克莱尔（A. Leclère），柬埔寨，《平民的宗教节日》（*Fêtes civiles et religieuses*）[《吉梅博物馆年刊》（*Annales du Musée Guimet*），1917 年]。

们被认为不属于真正的祭司仪式。

A. 柬埔寨的圣化礼的理论不甚明晰。柬埔寨人是佛教徒，因此跟锡兰和其他佛教国家一样，王的神灵被严重削弱了，但王仍旧与神灵保持着密切的联系，有一个神灵居住在王的宝座所在的房间，专门负责给国王提出各种忠告。

E. 胜利的观念昭然若揭：仪式里面有一支象征胜利的蜡烛，一面象征胜利的旗帜，一张象征胜利的铜锣，一头象征胜利的大象；第五天，即真正举行灌顶仪式的那一天，被称作“顺利、幸福、胜利和光荣的日子”。但文献中没有提到任何具体的战斗，不论跟人还是跟魔鬼；也许战斗已经被隐藏在了挥舞神圣之剑的仪式当中，国王必须要通过这个仪式才能成为国王。

F. 整个王国都要向国王致敬，另一方面，国王也要在某种程度上委身于他的王国，但是，尽管文献说明了委身的形式，却并没有说明其含义。

G. 苏摩似乎被完全放弃了。佛教不承认苏摩。

I. 大臣们给国王披上王的斗篷，斗篷是红色的，绣有金色图 82
案。如果这就是古老的“统治之斗篷”，那么，由于人们已经遗忘了相关的理论，它被用错了地方：理论上子宫之衣要在灌顶之前出现，而柬埔寨人把它放在了灌顶之后。

J. 跟印度一样，清洁是整个仪式的核心。水不是被直接倾倒在国王的头上，而是要倒在一个水槽里面，再流到他的头上。

K. 清洁之后，国王会被用油涂抹在前额、下巴和手掌上。这意味着王整个人都变成了神圣的。

M. 水一被倒在国王头上，海螺声、音乐声和枪声便同时响起。

N. 清洁结束之后，煮熟的米饭作为布施，被分发给参加仪式的人。

O. 清洁结束之后，根据他目前的级别国王会被授予王权的标志：一顶王冠。

P. 他还会得到一双印度样式的鞋子，这种鞋只有国王才能穿。

Q. 他要挥舞一把宝剑，否则无法成为一名真正的国王；一方大印；还有一柄七重的华盖。

R. 一尊宝座。

S. 跟大善见王一样，柬埔寨的国王在灌顶之后也要巡视王国，威严的仪仗中包括步兵、骏马和大象。国王以顺时针方向绕行整个城市，在每个方位点上，都会有达官显贵迎接国王，给国王洗脸并向地上洒水，以此表明国王占有了土地。国王似乎在暗示，他和大善见王一样颁布了行为准则。

与印度相比，上述仪式流程存在很多空缺；许多印度的仪式环节或者在文献中没有记载，或者根本就不存在；然而我们仍旧
83 能够确信的一个事实是，柬埔寨的仪式起源于印度。如果有一些仪式没有展现出印度仪式的所有特征，我们也无法肯定地知道它们是否起源于印度，我们也没必要感觉别扭；我们应该更关注相似之处，而不是差异。加冕礼仪式变化如此之快，不是没有原因的：这些仪式都是些极为复杂的规矩，但举办仪式的机会很少，而且两次仪式之间相隔的时间又很长。因此，当我们在斐济和古代印度的仪式之间、在古代印度和现代柬埔寨的仪式之间发现很多契合之处的时候，我们没有理由反对它们有着共同的起源，反而有足够的理由相信这一点。紧接着清洁仪式之后出现的仪式环

节就支持了共同起源的看法。如果将印度教的文献和柬埔寨的记载相互参照，我们就会发现，清洁仪式之后随即发生的包括杀死人牲、欢呼和宴席。同样的组合也出现在斐济，难道这些都是巧合吗？

关于埃及国王的加冕礼，我们所知甚少；所幸的是，这些仪式每天都在“晨礼之屋”（House of the Morning）中重复举行，M. 莫雷特称这个“晨礼之屋”为“膜拜室”（Chamber of Adoration）。盛大的赛德节（Sed festival）每隔好几年才举办一次，节日上会完整地重演整个加冕礼，而如今，加冕礼已经被删节成了每日的崇拜活动。[①]

A. 死亡即再生的观念在埃及的历史中是一以贯之的，从最早的时代开始，“所有关于神圣诞生的仪式场景，比如在寺庙里用于表达诸王出生的仪式，”也同样被用于诸王之死，他们被孕育并出生，伊希斯女神给他们喂奶，他们变成了王。在葬礼上将死去的国王圣化成为神灵的礼仪与他活着的时候将其转变成神的礼仪是一样的。我们可以认为，在纪念碑的浮雕上，活着的国王在每天 84
的仪式之后被主神的妻子伊希斯喂奶的情形是在模仿死去国王的再生，也可以认为，伊希斯给死去的国王喂奶是在重演国王的圣化仪式。反正都是一样的：

死亡 = 再生 = 加冕礼。

---

① 我的依据包括：A. 莫雷特，《法老王权的宗教特点》（*Du Caractère Religieux de la Royautè Pharaonic*）；A. M. 布莱克曼，《卢克索及其寺院》（*Luxor and its Temples*），119 及以下诸页，以及《奥西里斯或者太阳之神？》（Osiris or the Sun-God?）（《埃及考古学期刊》，第 11 卷，第 6 页），以及口述材料。

国王的再生是清洁仪式的结果。

E. 国王的名字荷鲁斯“赋予他天神的人格，即奥西里斯的儿子，赛德的征服者”。

I. 在每日的仪式中，法老在清洁仪式之后，涂油礼之前会被穿上衣服。这跟婆罗门教的加冕之衣的理论不一样。

J. 王的身上被撒上圣水，这会带给他生命、好运、安稳、健康和幸福，与印度一样，圣水要用两个容器同时倾倒。

K. 之后，王被穿上衣服，接下来是涂油礼。

L. 在重大的节日上，国王有时会在膜拜室仪式结束之后献祭一群囚犯。

N. 膜拜室礼仪之后紧接着是宴席，这是每次神圣仪式之后都必须要做的。只有国王一个人可以享用宴席，到目前为止，我们研究的国家当中，也有其他人可以享用宴席的。

O. 清洁仪式之后，王首先接受上埃及的白色王冠，然后是下埃及的红色王冠。这两个王冠都是女神，王冠的各个部分的意义都是确定的，但一些埃及学专家认为，其中一些部分是太阳的象征。

P. 在赛德节上，加冕礼之后，祭司会在国王的脚底下系上莲花和纸莎草，象征南北方的联合。（需要注意的是，在印度的神灵雕像脚下总是踩着莲花。）

Q. 在各种王的标志当中，我们需要注意的是牧羊人的曲柄杖和王的节杖。

85 R. 宝座无疑是非常重要的，下面几种表述是比较常见的：“王端坐在太阳神拉的宝座上”；“他出现了，就像一个国王端坐在世间之神荷鲁斯的宝座上”，等等。

T. 一戴上王冠，王马上就开始巡游。既然有两个王冠，就有两次巡游。“巡游的队伍沿着城墙绕行，绕行的方向是向东的。这是为了纪念美尼斯法老（Menes）庆祝征服下埃及之后举行的盛大绕城游行。

M. 莫雷特提出了另外一种解释，即法老的巡行是为了模仿太阳在天空中的轨迹。毫无疑问这是该礼仪最初的来源，但自从美尼斯成为下埃及的国王并举办游行之后，它就将自己融入了这一特殊的历史事件了。某些风俗的旧有实践方式与后来的事件相互结合，在历史上并非什么新鲜事。

U. 法老在就职的时候会获得另外一个名字。他还有可能在胜利之后再获得一个名字。[①]

X. Y. 我们需要特别谨慎地注意到一个到目前为止从未出现，未来也不会出现在任何加冕礼中的环节，在研究成年礼的时候，我们还得回到这个环节。祭司会假扮各种长着动物头的神灵，比如荷鲁斯、赛特等，为此他们要佩戴面具。

在赛德节上有一个礼仪在其他国家的加冕礼上是没有的，但由于这个礼仪对于说明共同起源问题关系重大，我们必须得予以关注。两次赛德节之间的时间间隔目前还无法定论，但这个间隔似乎是确定的，在国王统治第一个三十年之后，赛德节会每隔两年到四年举办一次。在这个节日上，国王依次穿上奥西里斯及其所属神灵的特有的服装。他还要手持弓箭，朝东南西北四方各射 86
一箭。位于拉美西斯三世祭祀圣殿边上的小庙说明，这些箭的

① H. R. 霍尔（H. R. Hall），《近东古代史》（*The Ancient History of the Near East*），第 239 页。

“目标是神给他安排的敌人”[①]。我们知道印度库鲁部落的王是五戒的伟大支持者，关于他的故事说，他每隔三年举行一个节日，他要穿上所有的礼服，并假定这些礼服都属于神，他站在魔鬼西塔罗佳（Citraraja）的面前，朝四方各射出一支箭。[②]

涂油礼在古代叙利亚和塞浦路斯都存在。[③]

希伯来的礼仪对我们来说是最为重要的，但不幸的是，由于没有具体的描述性材料，我们的信息十分贫乏，所有的只是下文所述的一些材料，这些材料间接描述了其特征。

A. 理论非常清楚：在涂油礼之后，主的精神临在于扫罗（Saul）之身，后者被转变成另外一个人。主的精神也曾临在于涂油之后的大卫王。

F. 耶何耶大（Jehoiada）“在主、王和民众之间立约，在王与民众之间立约”。这看起来是遵循约阿施王的加冕礼，在大卫王的例子中也是如此。

K. 王被施行涂油礼。

M. 然后人们“鼓掌欢呼，说道：‘天佑吾王’……将号角吹响”。

O. 王戴上王冠。

R. 在这一切结束之后，他走向宝座，端坐其上。

当我们将某个大获全胜的罗马将军的凯旋仪式也包括在加冕

---

① 实际上是“她的敌人”，因为文本中说到的是王的母亲。

② 《本生经》，No. 261，ii. 372。

③ H. 温克勒（H. Winckler），《台尔阿玛纳字符》（*Tel-el Amarna Letters*），第99页；R. 杜萨乌德（R. Dussaud），《前希腊时期的爱琴海文明》（*Les civilisations préhelleniques dans le bassin de la Mer Egée*），第248页。

礼研究之中时，也许会招致一些争议。为什么要考虑如此容易理 87
解的胜利之后的喜悦与欢腾？它跟东方的加冕礼有什么关联？原因在于，虽然单单是欢乐就足以解释仪式的细节，单单欣喜就已经可以让人们又跳又笑，翩翩起舞，可能还会大喊大叫。但这些情绪并不能让人们身着神灵的礼服，列队前行，也不能让人们照本宣科小心翼翼地举行献祭。欢乐的凯旋仪式中一定包含了某些非常明确的观念，这一切才会发生，问题是，这些观念是什么？我们可以利用泰米尔国王在征服一座城池的时候举行加冕礼的风俗作为线索，凯旋仪式是否有可能就起源于胜利与圣化之间的古老关联呢？[1]

A. 凯旋将军的礼服清晰地表达了相关的理论：他佩戴着从卡匹托尔神殿借来的朱庇特神的饰品，因此化身为朱庇特神，然而他并没有完全等同于朱庇特神，神人两种身份仍旧是可区分的。为了避开邪恶之眼的伤害，一个奴隶会站在他身后提醒他，“谨记！你只是一个凡人”。这与神圣王权更加古老的形式是相吻合的，只有到了相对晚期的发展中，诸王本身才变成神灵，在此之前，他只是神灵的代表。再生的概念已经不可追溯。

E. 罗马的王权已经与仪式的目的一起消失了，只有胜利的观念保留了下来，并且衰落得只剩下庆祝胜利的盛装游行。而原来的统治观念——胜利的观念只是为它做准备——仍旧存在于获胜的将军在凯旋式中取得统治权和王权的仪式性虚构当中。通常，一位正在进入罗马城的将军会失去他的 *imperium*，也就

[1] 关于凯旋，见马奎德（Marquardt），《罗马的国家治理》（*Römische Staatsverwaltung*），ii. 581 及以下诸页。

是统治权和王权，这个拉丁语词汇相当于印度人所说的 *Kshatra*
88（政治统治权）。但是，当一位将军获准举行凯旋式的时候，一条专门的法律规定他将在凯旋式期间仍旧掌握统治权。罗马人为什么要为了这么一段转瞬即逝且微不足道的王权大费周章？除非这种王权是对整个仪式至关重要的某种历史遗存。在印度，获得统治权就是整个仪式的最终目标，我们可以猜测，脑子里充斥着法律精神的罗马人在遗失了仪式的内容的同时，保留了形式。

G. 圣餐的观念寓于献祭仪式当中。不死之食的概念似乎也在罗马人的仪式当中严重淡化了，转变成了在牺牲的身体上洒酒。

H. 士兵们开淫荡的玩笑。

I. 将军穿上朱庇特紫衣金线的短袍和托加袍。托加袍上的星星图案表明了与上天的联系，另外，我们当然知道朱庇特自己就是天神。

L. 一个特别的战俘在凯旋式结束后迅速被处死。处决不会发生在涂油礼之后，因为根本就没有涂油礼。

M. 基于同样的原因，欢呼发生的场合也不对：胜利者在战场上被山呼为凯旋将军。游行的过程中也一直伴随着欢呼。

N. 还是基于同样的原因，为地方行政长官和元老院举办的最后的盛宴也放在了游行结束之后。

O. 将军戴着月桂枝的王冠，这个属于朱庇特的金色皇冠实在太重了，需要一个奴隶帮将军扶着它。

P. 他穿上镀金的鞋子，并且

Q. 手持象牙权杖，权杖的顶端是一只鹰。

R. 将军似乎会有一张国家之椅。[①]

T. 随着王权的消失，圣化仪式似乎也随之销声匿迹了。共和
国无法忍受将一个人转变为国王的仪式。在战争胜利与最后的游 89
行之间什么都没有了：没有涂油礼，胜利者穿着神灵的礼服出现，
但我们看不到授予礼服的仪式，他佩戴王冠，但我们看不到加冕
仪式。也许我们可以将战争结束时宣布将军成为凯旋者的告示当
作是原本华丽繁复的就职礼的一种萎缩的残余形式。

U. 胜利者获得一个新的名字，Germanicus、Britannicus、Africanus 等，全看他征服的国家是什么名字，他从此也会因这个新名字而为人所知。

Z. 除了一般的凯旋式之外，还有其他级别低一些的典礼，比如帐篷凯旋式和阿尔班山（Alban Mount）凯旋式。

如果我们对凯旋式的理解不误，晚期罗马人用凯旋者（*imperator*）一词来称呼罗马人之主，万王之王，肯定不是偶然的。他们不过是恢复了这个词原有的尊贵；他们让短暂而有名无实的王权的空壳重新获得了血肉。将内容与形式重新结合起来的，主要是东方人，他们从来都没有忘记王权的实质内容。我们如今将皇帝看作万王之王的概念就是史前时代的超级君主概念的直系后裔，后者是黑暗力量的征服者，大地、空气和天空的控制者，其大部分原有的形式都仍旧保留在古代印度的书写当中。

随着帝国的复苏，加冕礼中的各种礼仪都逐渐回归到了罗马人的先例。接下来发挥影响的是基督教，它在漫长的历史当中逐

---

① 史密斯（Smith），《古典时代词典》（*Dict. of Antiquities*），词条“凯旋式”（*Triumphus*）。

渐渗透了整个仪式，并将其转变成了一个基督教的圣化礼，其结果就是拜占庭在公元 1400 年的时候形成了其仪式的最终形式。[①]

90 A. 宗教进程将神的观念抬得越来越高，最后，没有任何凡人能据有其神圣性；但皇帝被认为可以凭借“神圣的三位一体的仁慈”来提升自己的神圣性，并被“加冕成神”。

E. 皇帝按照宗教仪式书的规定对人民发表演讲。人民报以山呼“君将战无不胜！”或“君乃征服者”。当人们朝着皇后如此欢呼的时候，就离实际的战争不远了。

F. 皇帝必须要发誓会依正义好好统治帝国。此外，他还要发表一份关于信仰的声明。

G. 圣餐作为起源于异教徒的仪式，不是整个加冕礼天然的组成部分，而是逐渐被纳入加冕礼当中的，并且在拜占庭的现代代表俄罗斯人的礼仪中成为了核心部分。有人可能会反对说，这是一个独立起源的案例，圣餐出现在拜占庭的仪式当中纯粹是出于偶然，而不是一个连续传统的结果。在君士坦丁堡发生的事情在其他地方也可能会发生，如果我们拥有像拜占庭帝国一样充分的文献记录，我们此前列举的关于共同起源的证据中所述及的仪式特征就会转变成干扰性因素。我不觉得这种争论有什么意义。尽管已经严重萎缩，但圣餐的观念还是出现在了古老的凯旋式当中，

① 关于欧洲和阿比尼西亚的礼仪，我接受 R. M. 沃利的《加冕礼》的说法。英国的加冕礼，见 L. G. W. 莱格（L. G. W. Legg）的《关于重构加冕礼的建议》（*Suggestions for the Reconstruction of the Coronation Ceremonies*），第 18 页；法国的情况，见 E. S. 德威克（E. S. Dewick）的《查尔斯加冕礼手册》（*Coronation Book of Charles*），第 5 章，关于法国的部分，以及布洛赫的《国王的触摸》。

后来，圣餐随着异教一起彻底消失了，再后来，基督教又从东方将它引入回来。在东方，神圣王权和王的加冕礼一直保持着极端坚韧的生命力。如果它既不是遗存，也不是新发明，那就是对原有仪式的复活。就像牛津运动复活了古老的英国宗教实践，这些实践方式在英国国教会中已经消失了，却被保存在了罗马天主教当中。

I. 拜占庭的帝国礼服通过罗马帝国保留了下来。袍子是紫色 91
的，直到今天，俄罗斯的袍子也是如此。跟吠陀的记载一样，礼服也是由三件构成的一套。帝国礼服中的短外套与王权直接相关，因为东正教的最高主教曾经对着它秘密祈祷，请求上帝“以至高的力量笼罩在他身上”。

K. 涂油礼的情况和圣餐是一样的：显然也是从东方仪式中重新引进的，在拜占庭帝国的历史上，直到完整的仪式形成之前，都没有出现过相关的记载。

L. 由于没有涂油礼，欢呼就不会发生在涂油礼之后，而是附着在加冕之后。

O. 皇冠，

P. 紫色的高筒靴和红色的鞋子，

Q. 以及权杖，都延续了罗马帝国的传统。

R. 我们的材料里面没有提到御座。罗马人早期肯定是广泛将马鞍和椅子当作皇帝宝座的初级形态。在俄罗斯的礼仪中，皇帝在接受了皇冠之后就端坐在自己的宝座上。

尽管材料贫乏，阿比西尼亚人（Abyssinian）的礼仪仍旧是值得注意的，他们用一个特殊的礼仪来表达王的巫术胜利。

E.“在距离教堂不远的地方，尼格斯（Negus）的路被几个姑娘在路上扯起细绳拦住了。她们问了他三次‘你是谁？’第一次，他回答说他是耶路撒冷的王，或者锡安之王，第三次被质问的时候，他抽出佩剑，斩断细绳，姑娘们大声哭喊起来，说他就是她们的王，锡安之王。”你们一定还记得戈尔迪之结，预言说，能打开此节者将成为世界之王，而亚历山大一剑切开了它，并建立了一个强大的帝国。显然，阿比西尼亚的习俗并非孤立的。

92 G. 尼格斯接受了圣餐，在此之前

I. 他要被授予斗篷，此前；他还要接受用甜奶油进行的涂油礼。

O. 王冠和

Q. 一柄没有鞘的剑在授予斗篷的同时被授予。

既然我们研究全世界的风俗都是为了理解我们自己的，接下来就来分析一下我们自己的加冕礼。所有西方的礼仪都亲缘密切，把每个礼仪都事无巨细地描述一遍也是冗长无趣。只有在有必要弥补今日礼仪中的缺漏的时候，我们才会转向欧洲大陆和英国早期的仪式。

A. 跟拜占庭的情况一样，基督教当然影响到了西方礼仪。尽管上帝之灵仍旧与他同在，但王不再是神圣的。在法国国王查理五世的加冕礼上，上帝被确信亲自来到了现场，人们恳求上帝降临到国王身边，就像他曾经“在田野中降临于基甸，在寺院中降临于撒母耳”。英国礼仪一开始时吟唱的赞美诗清晰地表达了王与其缔造者之间的关系，这首赞美诗的拉丁文原文是：

Veni, Creator Spiritus,
Mentes tuorum visita.
Imple superna gratia
Quae tu creasti pectora.
降临吧，创造者之灵，
来看护你的羊群的灵魂。
将你无上的恩典
充满你曾创造的心灵。

如果我们还记得这是罗马天主教和英国圣公会指定在圣灵降临
节上吟唱的赞美诗，就会更好地理解其重要性。我们可以参照
《使徒行传》（*Acts*）第二章第二、三节，“忽然从天上有响声下
来，好像一阵大风吹过，充满了他们所坐的屋子。又有舌头如 93
火焰显现出来，分开落在他们各人头上”。罗伯特·格罗斯泰斯
特（Robert Grosseteste）宣称被涂油的国王接受了“七倍圣灵的
馈赠”，中世纪的作家们在《撒母耳记（上）》（*I Samuel*）第十
章第六节中为他们的概念找到了依据：“你要变为新人。”简而言
之，国王再次出生，他的加冕礼就是洗礼。“就像在洗礼中——同
样地，在皈依时——所有的罪都被宽恕一样”，十四世纪的让·高
兰（Jean Golein）说，从此以后，“当国王摆脱了自我，也就是说他
放弃了从前世间的身份，而拥有了王室宗教的身份”，因此，自然
地就像一个新任牧师一样，“国王被免除了所有的罪”。让·高兰进
一步比较了国王的涂油礼和基督的洗礼，再生的观念就清晰地呈现
在中世纪作家的脑海里。死亡的观念则毫无踪迹，唯有连祷文在罗

马皇帝、罗马王室、旧英格兰和法国礼仪中的涂油礼之前响起的时候，国王俯卧在地上的情形尚可看作是死亡观念的一点痕迹。

B. 斋戒通过弥撒表现出来，反正参加圣餐之前斋戒也是必须的。所以斋戒不是加冕礼的真正组成部分，而是弥撒的一部分。

C. 在法国的礼仪当中，“在国王圣化和加冕的那个星期天的前一天，晚祷之后，教堂就要交给卫兵来守护，这些卫兵都是国王安排的”。在西班牙的礼仪中，佩剑、盾牌和头盔都被放在祭坛上，有人彻夜守护。这是我们在斐济之后第一次遇到卫兵，但必须要记住这种或多或少处于正式的仪典之外的风俗很容易被研究仪式的专题论文所忽略。

94 D. 这种忽略不再具有宗教特点的仪式环节的研究倾向在挑战者这一问题上也有所呈现。这是一个引人注目的风俗：一个护卫上场，与任何可能争夺国王头衔的人展开战斗。这种离奇的历史遗存无疑会冲击通常的想象，但现代研究加冕礼的论文完全没有涉及这一点，原因是它仅仅是一种重现历史的娱乐活动。

挑战并非只是战斗和胜利的历史遗迹。胜利的观念充斥于欢呼和祈祷。罗马人希望查理曼大帝“永生永胜”，我们在本书第三章描述了罗马皇帝加冕礼的欢呼：“基督保佑，我王征服”，等等。人们总是要在王的胜利和基督的胜利之间进行比较分析，查理五世加冕礼手册中的材料说，在涂油礼之前，“国王佩戴着你赐予的头盔，被看不见的盾牌保护着，周身都是来自天上的武器，他以令人恐惧的力量冲向异教徒，他将成功取得渴望中的胜利……我主基督凭借十字架的力量摧毁地狱、颠覆魔鬼的王国，之后作为征服者直上天堂”。显然，王的胜利的精神性仍旧与《吠陀》的礼仪是一样的。还有什么能比同样的礼仪中都为王戴上戒指而祈祷更明确地说明这一点呢？“他被神圣三位一体所保护，他是无敌的武士，永不停息地征服魔鬼的军队，为了人们心灵和身体的福祉，时刻做好准备。”这里所说的胜利确实包括祈祷王战胜敌人的血肉，但也始终像上文的祈祷词所说的那样，伴随着对不信教者的征服，他们是基督宗教上的敌人。事实上，就像吠陀时代一样，世间的敌人仍旧是邪恶力量的一种特殊的呈现，他们始终被假定为邪恶的，被跟不信宗教的人和魔鬼一起划到撒旦的军队中，是 95
上帝的敌人。

F. 在圣化礼之前，我们的国王要向宪法发誓。这不是现代才有的方式。在所有中世纪的礼节中，国王都被要求尊重教会的所有特权。除了保证这一点，他还要“以基督之名向所有信仰基督教的人民发誓，教会与教民会在我们治理期间始终保持和平。其次，我将禁止所有等级的人中间出现敲诈勒索和其他所有非正义的行为。再次，我将在所有的判决中恪守正义与仁慈，以确保上帝待我们以宽容和仁慈”。事实是，宪法与王权同样古老，从最早的时代开始，圣化礼就以正义规则为前提，只是国家发展到王权过度集中化，被过度抬升到其他等级之上的时候，国王和宫廷才试图忘掉王之权力在本质上不是无条件的。英国在都铎王朝和斯图亚特王朝的时候出现了这种情况，非常重要的一点是，国王们试图否认他们的权力通常都是有具体任期的，并且通过改变加冕誓言否认王之权力的前提条件。

G. 要专门为国王举行一次弥撒。在信仰罗马天主教的国家里，王和祭司一样接受两种形式的圣餐。

I. 袍子一共有三件，其中第三件叫作**帝国**的斗篷或者披风。我着重强调了帝国这个词。大主教和威斯敏斯特教堂的主教说的这段话包含了普遍统制的观念：“接受这帝国的披风，披风有四个角，是为了让你知道世界的四个角都将臣服于上帝的权力和帝国，除非其权威来自上天的赐予，没有人能愉悦地统治世界。”这个帝
96 国的斗篷与婆罗门教的“象征统制之子宫”非常类似。但如果这三件袍子都代表子宫，那它们在仪式中出现的位置却是不对的，因为在我们的仪式中，它们出现在涂油礼之后，一个人不可能先受洗然后才出生。西班牙的礼仪安排回答了这个疑问：这是有文献记载的西方礼仪，在其最早的做法中，国王被安排先穿上袍子，然后才是涂油礼。纳瓦拉（Navarre）的礼仪让我们有理由把这两个环节的顺序调换过来：国王首先“脱掉袍子，然后穿上白色祭衣，为了接受涂油礼，祭衣上留有专门的开口”。接下来发生的事情是这样的：原有的观念要求穿斗篷要在涂油礼之前，就像怀孕要在洗礼之前一样，但这种观念被遗忘了，所以其他的考虑就有机会插入进来——王不想弄脏加冕礼上洁白的祭衣。纯粹的关于物的顺序的考虑填补了由于意义被遗忘而导致的神学空白。这是一个关于意义被遗忘的典型例子，风俗变迁的最常见原因可能就在于此。

K. 涂油礼要用油。在中世纪，这是整个礼仪的核心点，但现在我们的注意力主要集中在国王戴上王冠的瞬间。

M. 早在查理曼大帝时代，国王戴上王冠的时候就伴有欢呼。在最早的英格兰的记载中，人们待王冠一戴好马上就鼓噪起来，“愿国王容颜不老、万寿无疆”。在十四世纪的法国礼仪中模式也

是一样的，“愿国王万寿无疆”的呼喊不是在国王戴王冠的时候，而是在国王安坐于宝座之上接受了和平之吻以后。

N. 材料中没有提到最后的盛宴，原因在于这盛宴是彻底世俗性的。其实很难想象这么重要的仪式最后居然不举办宴席的。 97

O. 毫无疑问，由于拜占庭的影响，王冠已经变得如此重要，甚至整个仪式都是根据戴上王冠的环节来命名的。

P. 从乔治二世开始，与鞋子相关的仪式就在加冕礼中消失了。

Q. 王权的标记包括了佩剑，在大部分的西方仪式中，国王都要挥舞三次佩剑。查理五世时期的祈祷词要多清晰有多清晰地说明，挥舞佩剑意在获得精神上的胜利。这是要请求上帝“给予最笃信基督的国王以偏爱，令他凭借精神的利剑之力量摧毁所有强大的敌人”。这柄剑不只用来保护委托给国王的整个王国，也用来保护“上帝的堡垒”。这柄剑本质上是正义之剑，国王凭借他“伸张正义，摧毁不义……恤护孤寡”。正义的观念还和权杖有关，权杖已经变成了国王权力的象征。将戒指戴在婚姻之指上这件事有着非比寻常的重要性，这一点我们下一章再谈。这看起来并非源自君士坦丁堡。

R. 宝座在我们的仪式中变得很重要，当我们说一个国王登上宝座的时候，也就意味着他继承了王位。

Z. 神圣罗马帝国保留了王权的级别。继承者首先被加冕为罗马人之王，当他父亲去世之后，才能成为皇帝。

我想已经有足够的证据证明我们的判断了——我们已经考察过的加冕礼全部都来自一个共同的源头，并可以暂时假设原初的仪式一定是这样的：即使不是全部，它也包含了绝大部分我们在

这里或那里发现的礼仪环节，这些礼仪被安排在一个我们有信心终将确定的顺序里——现在要确定这个顺序还是为时过早。不过，
98 看起来原初顺序保留最好的是在印度，另外，斐济也保留得不错。也许我们可以大致上将这个顺序描述如下：

仪式准备。

胜利。

告诫与保证。

穿礼服。

圣餐。

涂油礼。

授予王权的标记。

游行。

不巧的是，除了罗马的凯旋式，可能还包括斐济的加冕礼是例外，所有这些礼仪都可以追溯到地球上从爱琴海到恒河这一相对较小的区域里；如果我们还记得吠陀礼仪可能是随着雅利安人到来的，我们就得把这个区域的东部边界推回到伊朗甚至更西面一点。这里可能是所有加冕礼真正的发源地。我们确实还不知道，但目前看起来我们似乎正在根据一个紧密相关的群体和唯一的一个外围案例来尝试重构加冕礼的原初形式，就像一个语文学家在日耳曼诸语言和一种拉丁方言的支持下，努力重构印欧语言的母语言一样。我们是否可以期待眼下的研究可以刺激其他人去探索更加历史悠久的形式，并拓宽我们调查的基础？

酋长的杯子

姆巴提奇，斐济。为了拍照，
酋长坐到了一边，他真正的位置是面朝碗

婚礼的卧榻

拉坎巴，斐济

第八章
婚　礼

99　在我们所说的这个区域里，婚礼最引人注目的特征是赋予新娘和新郎的王室地位。乍一看来，斐济的婚礼并没有什么鲜明的王室特征值得我们注意，唯有当我们研究了其他的国家并倒回来看斐济的时候才会意识到，新娘新郎所享有的庄严和荣耀肯定都源自国王。在罗图马（Rotuma），斐济北面大约三百英里之外的一个小岛上，这种荣耀的主要特征呈现得更为明确：男孩和女孩郑重地坐在东墙根的毯子上，东墙是房屋最重要的一面墙，人们面朝他们，看起来就像是群臣。这对夫妇从桌子上拿取食物，这在平常日子里是酋长才有的特权。在马来人的国家里，夫妇的王室地位是被明白宣布出来的。"马来人的婚礼，"斯基特先生（W. W. Skeat）说[①]，"哪怕是比较贫穷的阶级举办的婚礼，也表明缔结婚姻的两方都被当作王族来对待，也就是说，被当作神圣的人……我首先要提到的事实是，新娘和新郎确实被称作'Raja Sari'（即 *Raja Sahari*，'一日之王'）；其次，

① 《马来魔法》，第 388 页。

还有一个出于礼貌的规定，即人们假装不会违背他们当王的那一天发布的所有命令”。

马来人已经受到了印度人的深刻影响，也许他们在婚礼中就是延续了印度人的做法；因为，也许没有哪个国家像印度这 100
样将新娘新郎的王室地位表达得如此清楚。斯蒂文森夫人（Mrs. Stevenson）这样评价古吉拉特（Gujerat）地区的婆罗门婚礼[①]：“如果我们要理解婚礼的要点，尤其是那迦罗（Nāgara）地方的婚礼，我们必须抓住的观念是，在婚礼当天……小新娘和新郎代表了湿婆和帕瓦蒂（Parvati）……新郎十分惹人关注，仿佛他就是一位在位的酋长，有人在他头顶撑着一把象征等级的伞……新娘不能看新郎的脸，但可以看他右脚的大脚趾头，她迅捷地在新郎的大脚趾头上做一个红色的标记，这间接地表明她崇拜神的脚。”……仿佛一位神灵般的新郎坐在吉祥草（darhba-grass）上接受崇拜。三天之后，新娘和新郎接受沐浴，“洗去他们身上的神圣性，即便如此，他们仍旧没有变成普通的凡人，直到庆祝活动结束之前，他们都被看作是王和王后，正因如此，新郎在这几天中一直身佩宝剑。新郎佩带宝剑不需要国家的批准，每个人都认可他在这段时间里就是国王。与婆罗门不同的是，其他两个再生族，甚至包括低等种姓，都将新郎看作国王，而不是神灵”。印度人比马来人走得更远，他们认为年轻的夫妇就是男神和女神。既然王就是神，这也是理所当然的，然而新娘和新郎甚至比国王神圣化得更加彻底，在印度，依照与神同化程度的不同，神圣性也区分

① 《再生族的礼仪》（*Rites of the Twice-born*），68 及以下诸页。

成不同的级别。

在古希腊，新郎和新年被用花冠加冕。在罗马，他们戴着用鲜花和神圣香草制成的花环。俄罗斯人将王冠戴在他们头上。我们的诗人，斯宾塞（Spencer），这样描述新娘：

> 加冕的花环生机盎然。
> 她仿佛纯洁的女王。[①]

101 这些诗歌之所以值得重视，在于它们并没有像人们想象的那样大部分出自虚构，而更多是将古代的事实以诗歌的形式记录了下来。

新娘和新郎为什么可以得到这些王室的荣耀？最直接的解释是，我们考察的这些国家的婚姻本身就起源于王室：婚礼原本是王和王后遵循的礼仪，后来向下传播到更低的阶级；但也不会传播到太低的阶级，比如在锡兰，在高等阶级有多种级别的婚礼形式，但一般村民根本就没有婚礼；他们只是简单地共居。在萨摩亚和斐济之间的瓦利斯岛，我们根本找不到婚礼，原因明显在于瓦利斯是汤加的殖民地，当地只有平民，真正的贵族根本无从谈起。

然而，我们不能就此止步，而是要知道王和王后为什么，又在什么情况下，要贯穿整个仪式。

首先需要注意的是，王的婚礼始终是和他的圣化礼相伴随的。锡兰的古代编年史告诉我们，当太阳家族的后裔（我要强调一遍，是太阳家族）维加亚从印度来到锡兰并征服了这个岛之

---

① 《婚礼赞歌》（*Epithalamion*），i. 158。

后，他娶了锡兰的瑟茜、妖女库维尼（Kuveni）为妻。一段时间之后，“他所有的同伴都跑来对王子说：‘大人，请登基称王。’尽管听到了这样的推举，王子并不想称王，除非一位望族的处女被加冕为皇后”。为此，他派人前去拜访般陀王（Pandu），即摩头罗（Madhura）之王，请求他将女儿嫁给自己。般陀王遣女前来，之后“根据习俗，议员们都集中在一起将维加亚圣化为王，并举行了盛大的节庆”[1]。我们由此推断，古代印度的国王没有王后是不能接受圣化的。这条规则实际上已经记录在了《百道梵书》[2] 102
中：“因为她，既然是他的妻子，就是他的一半。因此只要他没有找到妻子，就相当于没有出生，也就不是完整的人。只有寻找到妻子，他才算出生，成为一个完整的人。”换句话说，一个男人只有和自己的妻子在一起，才能够在王室的圣化礼中获得再生，没有配偶的男人是不完整的。我们必须在加冕礼的程序表当中加上一项，我们将其命名为 *V*。这样一来，婚礼和加冕礼总是同时发生就不让人感到奇怪了。悉达多（Siddhārtha）——也就是后来的佛陀——的父亲将他姐姐的女儿耶输陀罗（Yasodharā）带回来成为自己儿子的新娘；“他希望耶输陀罗成为悉达多王子的正妃；他令他们坐在一堆银子上，用三个犬齿螺将圣化之油倒在他们身上，三个海螺一个是金子的，一个是银子的，第三个是右旋的；此后他将王冠戴在他们头上，将整个王国都交给了他们。”[3] 王室的婚

---

① 《大统史》，vii，第 46—73 页；ii，1 及以下诸页，《锡兰金石录》，i，第 47、52 页。

② v. 2. 1. 10.

③ 斯宾塞 · 哈迪（Spencer Hardy），《佛教手册》（*Manual of Buddhism*），第 155 页。

礼其实就是王后的涂油礼；当拘萨罗国王迎娶一位释迦的少女时，他“为她梳妆，将她置于一堆珠宝之上，为她行涂油礼，将她变成了自己的主王后”[①]。

伊塔卡岛（Ithaka）的贵族，在确认他们的王奥德修斯再不会回来之后，决定由他们当中的一人来取而代之。继任者必须被佩涅罗珀（Penelope）接受为丈夫；但由于她一直不肯做决定，王的宝座就一直空着。乍看之下似乎可以认为，一个人要成为国王必须娶他前任国王的寡妇。俄狄浦斯就是遵照这条规则娶了已故底比斯国王的寡妇，才登基为王的。然而，只依据一个国家的材料就下结论太过危险了。我们必须将希腊的实践与相关联的国家进行比较才行。我们知道印度和希腊通过语言和传统关联
103 在一起，进一步说，奥德修斯与瑟茜的关系在锡兰就等同于维加亚与库维尼的关系。维加亚为了成为锡兰国王，并没有继承前任国王的寡妇——在他之前根本就没有国王，而是迎娶了一位印度王室的少女。她和维加亚一样都不属于锡兰，是她的王室血统而不是民族使维加亚加冕为锡兰之王。佩涅罗珀也一样，她并不是伊塔卡岛本地的妇人，却可以经她的手授予伊塔卡的王权。中世纪的天鹅骑士，也被称作赫尔亚斯（Helyas）和罗英格林（Lohengrin），在法国的版本里，他娶了布永（Bouillon）公爵的女继承人，在德国的版本中则是娶了帕拉邦（Brabant）公爵的女继承人。沃尔弗拉姆·冯·艾森巴赫（Wolfram von Eschenbach）总结这个故事说：

① 《本生经》，No. 465，福斯保尔，ii. 164。

那一夜，他用身体接受她的爱。
之后他就成为帕拉邦的王子。[①]

在这个浪漫的故事中，和我们许多童话故事一样，新娘并非已故国王的遗孀，而是某个国家年少的公主。印度的规则比起希腊或德国的案例中呈现出的规则更加宽泛，因此必须被当作是这个规则的真相，至少也是其源头之一：没有王后，一个人不可能成为国王，王后必须具备王室血统。

十世纪的拜占庭风俗要求，“如果皇帝在继位之后才结婚，婚礼后要立刻为其配偶举行全部的加冕典礼”。

公元 856 年，在法国，朱迪斯（Judith）嫁给了英格兰的国王艾特尔沃尔夫（Ethelwulf），“并在婚礼当中接受了加冕”，加冕礼的祈祷被插入婚礼仪式当中。十年之后，在法国苏瓦松（Soissons）举行的赫敏图德王后（Queen Hermintrude）的加冕礼“仍旧采用是一种适应婚礼的专门形式”[②]。甚至到查理五世的时候，104
王后的加冕礼仍旧被说得仿佛她是第一次与王结合在一起似的：“汝现在可以怜悯之心与国王缔结高贵庄严的联盟。”联盟的目的就是为了生育：“她理应因子宫里的果实而变得多产。”

盎格鲁-撒克逊人虽有不同，但仍旧证明了这一规则。他们不准备在婚礼上为王后加冕，但西撒克逊人的材料说：“王后既不准

① 希波（Hippeau），《天鹅骑士的史诗》（*La Chanson du Chevalier au Cygne*）；沃尔弗拉姆·冯·艾森巴赫编，《拉赫曼》（Lachmann）［柏林，1879 年］；R. 嘉弗雷（R. Jaffray），《两个天鹅骑士》（*The Two Knights of Swan*）。

② 沃利，《加冕礼》（*Coronation Rites*），第 22、94 页。

坐在国王身边，也不被称作王后，而只是国王的妻子。”[①] 出于这样或那样的原因，他们废除了王后的身份，所以也就不会有王后的加冕礼了。

在斐济的拉坎巴岛上，那雅乌的王后总是跟随王或者酋长一同就职。否则，女人是不能参加卡瓦仪式的。由于斐济人结婚早，而接任酋长时岁数又比较大了，所以单身汉就职的事是不会发生的。

所有这些事实都表明，王室的婚姻和圣化是紧密相连的，甚至可以说婚姻无非是圣化礼的一部分，在礼仪中王和王后总是形影不离。王后应该参加一部分的加冕礼，这是至关重要的。《百道梵书》也告诉了我们为什么；但是，尽信书不如无书：书上所言可能是错的（尽管我觉得这种情况很少发生）；或者其解释是不充分的或含混不清的。关于上文研究的内容，书上给出的原因就不够令人满意：当我们得知没有配偶的王不是完整的王的时候，我们并没有觉得自己变得更有见识，也没有觉得自己找到了根本的、充分的原因。

105 因此我们必须自己探索。我们应该尝试过去就非常有效的方法。我们应该从自己的假定出发：

王＝神。

王在自己的圣化礼上再生为神，或者再生为不止一位神。自然的推论就是王后再生为一位女神。什么女神？《百道梵书》告诉我们，在加冕的过程中，王“第二天来到女神跟前，走进她的房子，给阿底提（Aditi）献上一碗粥；因为大地就是阿底提；她

① 沃利，《加冕礼》，第 62 页。

是诸神的妻子；而王后是王的妻子；因此这就是献给阿底提的”。我们可以将这句话转换成等式：

王后：王 = 大地：众神；

王 = 众神；

∴王后 = 大地。

通过另外一个段落，我们收集到另外一个系列的对等关系，结果是一样的：

王后 = 摩西湿（mahishī），

大地 = 摩西湿，

∴王后 = 大地。

这个身份在奉乳祭（*pravargya*）中触摸大地的礼仪中被进一步肯定了。献祭者“触摸大地，同时嘴里念叨着‘汝乃摩奴之牝马’；因为大地以母马的形状驮着摩奴，而他是她的生主，有了这个同伴，他心仪的寓所，他使自己变得完整”。大地在奉乳祭中的位置就是王后在国王的加冕礼中的位置，它作为王的配偶直接和王结合在一起，完全不需要人类代表的介入。[1]

后来的印度思想进一步发展了男人等同于天空、女人等同于大地的观念，我们来再现一下这个观念历程。天空的观念首先变成非物质性的，然后变成精神性的；大地的观念则演变成物质的、与身体有关的。“神灵是享受者，而女神是被享受者，他是灵魂，106
她是身体”，《摩诃婆罗多》如是说。[2] 这个观念成为了西藏艺术最熟稔的主题。下述等式是分析的结果：

---

① 《百道梵书》，vi. 5. 3. 1；xiv. 1. 3. 25。

② 霍普金斯，《史诗神话学》，第 226 页。

王 = 神 = 天 = 以太 = 精神 = 灵魂；

王后 = 女神 = 大地 = 物质 = 身体。

然而，这是比较晚期的思想。回到最早的时代，巴比伦的古代国王“声称自己就是母亲女神的丈夫”，国王因此要和女神的雕像结婚。[①]

在平民的婚礼仪式中，只有加冕礼中与婚姻有关的部分被截取下来并简化成适用于平民的形式，因此我们应该在其中找到同样的理论，即男人是天，女人是大地。而且，当我们分析仪式结构的时候，应该至少能够发现加冕礼的一些礼仪环节。只能发现一些，而不是全部，是因为婚礼都是私人的，排斥所有统治一切的观念，所以与确保统治有关的观念都会被取消。既然是经济能力有限的人举办的婚礼，所有需要投入大量资源的排场一定会被放弃。我们也就不可能期望在平民婚礼和加冕礼之间找到如不同的加冕礼之间那般高度的相似性。

E. 在马来人当中，“新郎到达新娘家的一刻，就标志着双方模拟战斗的开始”。这种冲突一度被看作是抢夺婚的遗存；但这种诉诸肉体的方式与马来婚礼的王室完全不相符；然而，身体冲突
107 却是国王登基典礼中恒常的元素。

J. 当王结婚的时候，他和他的新娘七天之内要在一个很小的浴室内沐浴，这个浴室叫作王室浴室，不只用于“王”的婚礼，还用于加冕礼。[②] 我们不能指望找到比这更确凿的证据来证明婚礼

① S. 朗顿，《塔穆兹和伊师塔》，第 27、64 页。

② 斯基特，《马来巫术》，第 387 页。

与加冕礼的沐浴是相同的了。

考虑印度礼仪的时候，我们必须记得上文说过的与加冕礼有关的专题研究：那些作者们只对宗教仪式的细节感兴趣，而不关心那些在他们写作的年代已经不再是礼仪规范的组成部分的那些流行的风俗。所以，阿湿伐罗耶纳（Asvalayana）或者高比罗（Gobhila）在他们的家户研究论文中都没有提到新娘和新郎的王室地位；然而，既然今天在古吉拉特和马来西亚这么遥远的地方都能看到，这一定是古代的风俗。他们甚至都没有专门描述过整个仪式；阿湿伐罗耶纳警告说，存在很多地方性的仪式，而他只记录了那些普遍存在的仪式，这样我们就错过了有可能说明婚礼之本质的很多仪式的地方性变体。我们因此将在必要时以现代风俗或者史诗来补充这些研究。

A. 幸运的是，相关理论已经在新郎在某一时刻用来向新娘求爱的固定程式中被清晰地表达出来了，“我是天空，你是大地”。这种天空与大地寓言式的结合，在希腊神话中是乌拉诺斯和盖亚，在波利尼西亚是拉尼（Raṅi）和帕帕（Papa），在印度的婚礼仪式中，也始终是人们所熟悉的。

B. 古吉拉特的婚礼开始的时候，新郎和新娘作为苦行者代表湿婆和帕瓦蒂女神，所以不能佩戴任何饰品。

E. 冲突与胜利出现在贵族举行的婚礼形式当中，这种形式就
是著名的“新娘的选择”：一众追求者在公主的面前表演充满勇 108
气的行为，而公主会选择其中最好的一位。[1] 婆罗门，如我们所料，

① 约利（Jolly），《法与习俗》（*Recht und Sitte*）（印度–雅利安语文学大纲），第 51 页；莱斯·戴维斯（Rhys Davids），《佛教》（*Buddhism*），第 29 页。

通过献祭获得胜利；在古吉拉特，他们为火举行一系列的供奉，“为年轻的丈夫赢得身体的力量”。这些供奉被称为*jayahoma*，意为“胜利之供”。

I. 新娘第一次沐浴之后，在一位朋友单独帮助下穿上衣服。关于这些衣服，除了是全新的，其他我们一无所知。古吉拉特婚礼为我们提供了一个关于礼仪错置的清晰案例：新婚夫妇从前是在火堆点燃之后才接受新衣服的，而“事实证明，新婚夫妇在婚礼一开始就穿上新衣服是更加方便的，如今也都是这样做的”。

J. 接下来是用水罐将水淋在新娘和新郎的头上。在古吉拉特的婚礼中，这种做法已经日渐衰落，而在锡兰，这个传统仍旧韵味十足。

K. 仪式开始不久，澄清过的黄油被倒在新娘的手上。古吉拉特的涂油礼使用的是有香味的油。

N. 所有的仪式都结束之后，要给婆罗门举办一次宴席。

S. 新娘和新郎向东北方向走七步。这七步明显对应的是王模仿毗湿奴走的那三步，至少在古吉拉特的婚礼中，每次新娘和新郎走完七步，都要召唤毗湿奴前来见证。根据《梨俱吠陀》的描述，毗湿奴用三步跨过的大地的七个区域。[①]

一个在古代印度的婚礼和加冕礼中共有的礼仪，因为是印度独有的，所以在加冕礼的众多礼仪中一直没有被注意。我指的是站在一张兽皮上的礼仪。

109 当伊塔卡的求婚者厌倦了等待，他们坚决要求佩涅罗珀选择

① 比较本书第 80 页，第 214 页及以下诸页。（其中本书页码指原书页码，即本书边码，以下不再另作说明。——译者）

一个丈夫和国王，他们采用的选择方式在印度被称作新娘的选择，换句话说，也就是身体竞技，这被认为是刹帝利或者王室种姓的典型做法。他们选择的特殊竞技方式是，每个人自己扎一张弓，并用它比试射箭，同样的情节在刹帝利的王子求婚故事中，后来在佛教的故事中都曾经出现过。俄狄浦斯为了娶伊俄卡斯忒并继承王国，必须事先战胜斯芬克斯。同样的婚姻形式也出现在阿塔兰忒的故事中，只是在这个故事里取得胜利的是公主本人，同样的变体也出现在德国女英雄布伦希尔德（Brunhild）的传说中。赫尔亚斯，别名罗英格林，就是通过仪式战斗赢得了妻子。在一个老的德国版本中，他战斗的对手忒拉蒙（Telramund）是与他共同追求艾尔莎的竞争者；在其他版本中，战斗的对象变成她邪恶的对手。天鹅骑士在婚礼和加冕礼之后马上就巡游了所有封臣的领地，接受臣属的敬意：

> 勋爵从封臣手里收受良多，
> 这是他本应得到的。

在德国名歌手（Meistersinger）的演唱中，竞争求爱的方式已经从贵族传播到了平民。

婚姻与王室圣化礼之间的相似性并没有逃脱研究者的注意，哪怕是那些只研究基督教礼仪的学者。R. M. 沃利先生评论说："如果要把加冕礼和任何一种仪式做比较的话，婚礼无疑是与之最为相近的。查理一世也是这样想的，如我们所知，'陛下在加冕日穿的是白色衣服，违背了前辈国王们当天都穿紫色衣服的传

统，他这样做……是他自己的选择，是为了宣布他是带着处子般的纯洁被拥护上王位的。’在婚姻关系中，缔约双方要以誓言结
110 成联盟。教会为如此缔结的盟约送上祝福。教会在为盟约祝福的时候需要用到象征性的标记，一顶王冠和一枚戒指，将这些标记送给结婚的双方，可以说，婚礼中的这些标记是意义非常重大的。”

A. 当然，我们自己并没有将新郎等同于天，将新娘等同于大地。这种理论在我们的文化中已经死亡好几百年了。但我们知道已经灭绝的理论将在未来的很长时间里继续影响后来者的修辞，也就是常说的旧瓶装新酒。也许我们能够从祈祷书中辨识出从圣保罗那里借用的词汇的遗存形式，这些词汇将婚姻描述为“一种荣耀的地位，是上帝在人还没有罪的时候创造的关系，对我们来说也意味着基督和他的教会之间的神秘联盟”。我们知道基督以升华了的方式继承了太阳神的很多品质。更进一步说，我们可以尝试推测大地上的教会已经扮演了大地本身的角色。我们在当代法国圣餐礼赞美诗对基督与其崇拜者之关系的描述中已经看到了这种替代关系：

Le ciel a visité la Terre,
Mon bien-aimé repose en moi;
Du saint amour c'est le mystère,
O mon âme, adore et tais-toi.

“上天眷顾大地，我所深爱的安宁地内在于我自己，神圣的爱是如此神秘，哦，我的灵魂，崇拜着你，如此静谧。”就这样，发端于

最早的文献之前的古老信仰仍旧以其意象滋养着基督教。从前用以保证繁荣丰产的实践性礼仪如今衰落得只剩下隐喻。我们已经间接地确认圣保罗受到了古代信仰的影响，他在《格林多前书》（First Corinthians）第 12 章第 27 节中说：“你们就是基督的身子并且各自作肢体。”又说，“丈夫也当照样爱妻子，如同爱自己的身 111
子。爱妻子便是爱自己了。从来没有人恨恶自己的身子；而总是保养顾惜，正像基督待教会一样。因我们是他身上的肢体”。这里，丈夫被比作灵魂，妻子被比作身体，就像印度教晚期的神秘表达一样。我们可以从这段使徒书信中得出下列等式：

男人 = 基督 = 灵魂，

女人 = 教会 = 身体。

所有物质性的因素都被从原初的等式中过滤掉了，巫术变成了神秘主义。

B. 有弥撒就会伴随着斋戒。弥撒之前哪些礼仪环节被吸收到了婚礼中，我们一无所知。

E. 我只能将教规中的胜利观念追踪到亚美尼亚仪式中交换十字架的礼仪。“凭借这全胜的象征，为这两人驱逐欺诈的、不利的意图和所有恶意。”①

F. 祭司的告诫和新婚夫妇的允诺，正如沃利先生指出的，对应着王的誓言，这誓言将王与神、王与他的臣民联系在一起。

G. 现今形式的共餐是从基督时代引入西方的，但看起来它并

① 科尼比尔（Conybeare）和麦克莱恩（Maclean），《亚美尼亚仪式》（*Rituale Armeniorum*），第 109 页。关于俄罗斯的仪式见 J. G. 金（J. G. King），《俄罗斯东正教会的礼仪与仪式》（*The Rites and Ceremonies of the Greek Church in Russia*），伦敦，1772 年。

不是最古老的，而是取代了早前的形式。大家一起从一个盘子里吃饭的仪式，在斐济、锡兰、古希腊都有，因此一定有着非常古老的渊源。在俄罗斯的礼仪中，祭司将同一个杯子递给新郎，然后传给新娘，一共三次。

112 I. 新娘和新郎在仪式开始之前就打扮好了，这里没有什么与王室庄严相关的因素。

N. 婚礼之后总是伴随着宴席。

O. 在我们自己的风俗里面，王冠消失了，但在俄罗斯王冠仍旧很关键，整个仪式都因此被称为“婚礼加冕”。后面还有一个摘掉王冠的环节，原因似乎在于这王冠和古吉拉特的宝剑一样，都只代表着暂时的特权；但亚美尼亚人发现了一种新的象征意义：王冠被从仪式中去掉了，反而以象征的方式表现出来，之所以如此是因为王冠被他们称作“消失的王冠”，作为王冠被取消的回报，新婚夫妇获得了和平天使的保护。

Q. 在我们的礼仪中，新郎要给新娘的手指上戴上一枚戒指，而王的戒指也戴在自己同样的手指上。在希腊的仪式中，交换戒指的环节发生在婚礼之前的订婚仪式上。这是一个关于仪式替代的清晰案例。

T. 在俄罗斯的仪式中，传递共有的杯子之后，新娘新郎头戴王冠进行巡游，具体方向我不知道。

因此，在一系列撼动整个欧洲的思想革命之后，婚礼仪式仍旧保留了其王室起源的印记，甚至还能让我们看到整个仪式基于的原初理论。

第九章
官　员

在描述斐济的就职典礼的时候，我们遗漏了一个问题，这个 113
问题像王后的就职典礼一样，值得用单独一章来处理。如果在那雅乌王饮用就职典礼上的卡瓦酒的时候，任何一个职位恰巧是空着的，新的官员只要饮用了就职卡瓦酒，就可以走马上任了，不管这个职位是典礼官、地方酋长、首席木匠，还是其他什么头衔。关于他们的就职仪式的理论，我们没有什么直接的论据，但既然关于的就职仪式也是酋长的圣化礼的组成部分，既然官员们分享了酋长的卡瓦酒，既然他们的头衔往往都和酋长的头衔一样，比如“吞波（Tumbou）之主”，那么可以确定官员的就职典礼和酋长的就职典礼的理论是相同的，而且越小的酋长变成越小的神灵。

我想，关于此事更明确的表达还是出现在印度。在圣化礼的过程中，国王来到将军的家里，给火施以供奉，这火是作为脸面的火神阿耆尼；原因在于“阿耆尼是众神的脸，而将军是军队的脸面”。在上文论述王后问题的时候，我们已经遇到过同样类型的对等关系。实际上，在将军家里的供奉仪式只是一系列仪式的

开始，后面还要在王后的房子里举行四次供奉。在王后的案例中，
114 我们得到的结论是她代表大地，这个结论已经被其他的证据充分肯定了。在将军的案例中，我们可以得出以下结论：

阿耆尼 = 众神的脸面

将军 = 军队的脸面

∴将军 = 阿耆尼

第二天国王来到王的专任祭司的家，专职祭司也是祭司种姓的一员，“为布里哈斯帕提（Brihaspati）献上一份玉米粥，布里哈斯帕提是众神的专任祭司，而这个人是王的专任祭司”。用数学公式表示如下：

专任祭司 = 王的专任祭司

王 = 神

∴专任祭司 = 神的专任祭司

但是布里哈斯帕提 = 神的专任祭司

∴专任祭司 = 布里哈斯帕提

即使不考虑《百道梵书》的说法，我们也足够直接地证明了神灵布里哈斯帕提就是祭司。再接下来的一天，举行供奉仪式的房子属于“那个接受圣化的人；因为因陀罗就是王，而他也被圣化为王”。我们从一开始就知道王是因陀罗。接下来的是在王后的房子里面举行供奉，之后来到低级官员的家里。我没必要在每个案例上都重复三段论，而只是要指出他们代表的神：

宫廷游吟歌手 = 伐楼拿；

自耕农长官 = 马尔殊（Maruts）；

国王的内侍 = 萨维特里，太阳的一种；

御者 = 双马童阿湿波（Asvins）[相当于希腊的狄奥斯库里（Dioscuri）]；

分发食物的官员 = 普善（Pushan）[相当于罗马的俄普斯（Ops）？]；

骰子的保存者，狩猎人 = 楼陀罗；

信使 = 道路神。

这些官员被称作是王的十一珍宝。

这样，我们根据斐济的事实作出的推理就全部都被确认了：
官员也是神灵，当然只有在印度不是次要的神灵；没有人能说伐 115
楼拿是次要的神。这里产生了一个困难：那些神灵中的一部分，
萨维特里、伐楼拿、楼陀罗、火神、普善、布里哈斯帕提，都已
经被王代表了；如我们所见，王不是一个神，而是很多神。他甚
至还是一位女神萨拉斯瓦蒂（Sarasvati）。[①] 这与前文的论述相互
冲突吗？其实一点都不会，就像一个神可以由很多人来代表一样，
一个人也可以代表几个神。王将一众由各个官员代表的神灵都集
于一身也没什么不可能的。

为了理解这种情形，我们必须得熟悉吠陀的献祭理论。这理论可以被描述为一系列规定格式的等式：两项都和第三项相等，前两项就彼此相等，就像我们在研究婆罗门教时经常遇到的格式一样。这样就有：

牺牲 = 神灵；

献祭者变成牺牲；

∴献祭者变成神灵，

① 《百道梵书》，v. 3. 5. 8。

而且“献祭者就是生主降临于自身的献祭”[①]。我们可以把这个理论应用于当前的案例：王给火神献上供奉；供奉就是火神；王变成了火神；但将军是火神，所以王就包含了将军，这样我们就能理解王如何通过供奉获得了超越将军的权力并“把将军变成自己忠实的追随者”。当然，在我们有十足的把握将当下的仪式归于吠陀的理论之前，我们必须确信吠陀宗教的祭司确实曾提出上述推论。从某个欧氏几何命题推演出的很多结论都是欧几里得本人未曾推
116 演出来的。我想吠陀祭司一定曾经推算出了上述形式的等式，因为他们清楚地告诉我们，诸神将“令自己满意的化身和心仪的居所”都寄托于因陀罗；于是，“因陀罗就是所有的神，众神将因陀罗看作是自己的首领”[②]。国王既然是因陀罗，也就是所有的神，在他身上寄托着众神自己满意的化身和心仪的住所，也就是说，军事总指挥官、专任祭司，等等；王将他的官员和王后各自崇拜的神灵都集中于自己身上。

显然埃及人也认为王将由各种次级角色分别代表的众多神灵都包含在自己身上。在王的洁净礼上，有两个人扮演荷鲁斯和赛特——即东方和西方各自的神灵，并对王说：“你洁净了，荷鲁斯、赛特、托特（Toth）、索普（Sopu）就都洁净了。”这样就将四方位神都集中于国王一身了。[③]

在柬埔寨，国王沐浴之后，众官员将他们从前任国王那里得

---

① 《百道梵书》，v. 1. 1. 2 ; iii. 2. 2. 4 ; v. 1. 1. 6 ; v. 1. 2. 2 ; v. 1. 2. 9 ; v. 2. 1. 24 ; i. 9. 3. 23 ; iii. 2. 2. 12 ; i. 6. 1. 20。

② 同上，iii. 4. 2. 15 ; iii. 4. 2. 2 ; i. 6. 3. 22。

③ 莫雷特，《法老王权的宗教特点》，第 216、241、328 页。

到的所有印信和权力都上交给新国王。国王碰触了印信之后，又将其交给官员，在交出印信的时候，官员就被剥夺了行政功能，在收回印信时则马上重新得到任命、头衔和行政功能。这个材料并不能直接提供仪式的理论，但说明了我们研究斐济和印度时留下的一个问题：国王是一切荣誉的源头，当他死去的时候，所有的荣誉都被收回交给新国王，再由后者重新发放下去。

我们自己的加冕礼直到今天在这一点上也毫不逊色。“新国王一登基，各色贵族就戴上他们的小冠冕和帽子”，“王后戴上皇冠，所有的贵族夫人也戴上小冠冕”。所以，我们的贵族也必须从新君 117
王处更新他们自己的权力。

现在我们可以放心地将作为次要神灵之贵族的就职礼囊括到原初的加冕礼当中了，这些次要的神灵都是王所代表的大神的一部分。我们把这一项称作 *W*。

从上述规则中直接推导出一条根植于我们脑海的、看似无比自然无须任何解释的风俗，是非常诱人的。我们非常习惯于去区分一个人的私人地位和官方地位，却没有意识到要做到这一点需要大量的抽象工作。我们的抽象能力高度发展，根本就无需对此进行思考，所以我们也就意识不到；但对那些脑力没有如此发达的人来说，情况又如何？我很怀疑一个南太平洋岛民如果没有从小在政府机构里接受训练，是否能够清楚地区分一个人和他的职位。首先，他的语言就不能表达这一区分。即使经过欧洲人的长期训练，土著人是否真正能够成功地将职位从一个人身上抽象出来，都是很可疑的。这也是为什么我们的规则在那些区域不可避免地趋于个人化，而且个人化的程度越低，就越不会成功。如果这不可或缺的抽象能力不是普遍发育的，那么就一定存在某些获得它的途径。我认为行政功能的神圣性为此提供了垫脚石。区分一个人和他的神，就像区分彼得和保罗一般轻而易举。事实上，斐济人就清晰地区分平常状态的祭司和被附体的祭司；在平常状态下，他面对贵族地位低下，但是在宣示预言时，他面对贵族就充满威严，仿佛对下等人说话，这时说话的不再是他，而是神。

118 神圣行政功能的制度亦是一种教育，以这样或那样的方式帮助我们发展出以前不存在的精神力量。如果确实是如此，我们就找到了一个案例来证明我在一开始时所说的，风俗的历史呈现给我们的是不断探索的人类朝着新的、更高的精神世界前进的过程。

第十章

祭　司

研究古代与现代风俗的学者早就已经意识到，王和祭司之间 119
的界限非常模糊，而且常常就不存在。他们因此杜撰出一个新词，王-祭司或者祭司-王，来指涉那个很难说究竟是王还是祭司的无法确定的角色。他主要出现在古代和发展迟缓的共同体当中，在现代文明国家，这两者之间的界限已经变得非常清晰。因此，存在一个将原初的属区分成两个种的过程，这个过程事关重大，因此值得我们仔细去研究王与祭司之间的对应关系。

与斐济有关的事实我们已经说过了：选择祭司并授职的方式和酋长是一样的，都要饮用卡瓦酒。两者之间主要的差异是：祭司会被附体并宣示预言，而酋长从来不会。但这种差别可能产生得比较晚，我们有理由相信，附体并非是以神圣王权为基础的古老宗教的组成部分：唯灵论在斐济传播的时间可能不超过两个世纪，所以，如果我们追溯到更早，酋长和祭司之间的主要差别可能就消失不见了。其实在一些部落，如果你去问他们谁是最早的酋长，他们就会告诉你从前祭司就是酋长。

120 特纳曾提到，纽埃岛（Niue）或者野人岛的王就是祭司。也很难说富图纳岛的王是否应该更精确地被称作祭司，因为他的世俗权威很小。

在古印度，祭司群体的神圣性一点都不比国王低，两者都可接受被称作力饮祭（*vājapeya*）的圣化仪式，仪式的过程都是一样的，只是结果稍有不同，王变成了神因陀罗，而祭司变成了神布里哈斯帕提。[①] 古代印度文本中的王权和祭司都是一种仪式机构，他们在仪式中的功能的差别只是王负责资助献祭，而祭司执行献祭，他们之间的关系与船长及其指挥官之间的关系没什么不同，只是指挥官热切地渴望与船长平起平坐，并最后超越船长。他成功了，所以祭司种姓的等级高过了王。他们的野心并没有满足，最初只有祭司种姓中的学者是神[②]，但像所有的特权阶级一样，他们渴望把自己的特权变成无条件的。在后来的时代里，摩奴肯定地说："无知的或饱学的婆罗门是伟大的神灵；就像火，不论是否被用于献祭，都是伟大的神灵一样。"与王一样，祭司也开始把自己看作真正的神，而不再只是神的容器。"只因出生，婆罗门具有神性，甚至就是神。"摩奴如是说。这样，他从众神的代理人变成了神的领导者，世界的主人："整个世界都属于婆罗门，不管这世界是怎么来的；婆罗门凭借他们的优越性和出身，就占有了这个世界。"[③]

佛教徒的文本代表了另一个不同的思想流派，主要流行于东

① 《百道梵书》，v. 3. 1. 2；v. 1 及下页。

② 同上书，ii. 2. 2. 6。

③ 《摩奴法典》，ix. 13；xi. 85；i. 100。

北印度。其中国王能够在俗世获得的最高等级是转轮王或者皇帝；
而精神事业的顶峰则是佛陀或者一般而言的圣人。我说到了世俗 121
和精神，但事实上两者之间并没有那么多区隔：佛教经典中的皇帝首先是一个道德家，他通过宣扬法律和在统治中奉行法律而和平地征服他的帝国；实际上，佛教经典宣称皇帝和佛都是为了神和人的福祉而降生的，他们在一定程度上都是那个模糊的大丈夫概念的变体。大丈夫是一个王子，命定要在世俗的或精神的世界里揭示普遍规则；可以说，他是一个未分化的幼体，可以为了拯救世界发展成皇帝或佛；他们之间的差别是，皇帝待在宫廷里享受着尘世的愉悦，而佛则更进一步，出家遁世[①]；他们都是为了维护法律、道德和宗教而来到世界上的，但其中一个彻底地献身于这个目标，而另外一个则将世界和美好与世俗的权威和这个目标结合在了一起。举一个具体的例子：释迦部落的悉达多王子注定要成为皇帝或者佛；他的父母努力确保他走向更加入世的职业，但王子从宫殿中逃走了，选择了贫穷的宣教生活，变成了一位佛，建立了这个世界上传布最广泛的宗教之一，即佛教，他自己也变成了众佛之佛。

一般圣人的遁世修行生活和佛陀的特殊教义必然让他的宗教生涯和品性与皇帝有所不同；而这种分化被实现的方式则证明了
古印度人极为坚定的看法：圣人只是从王转变而来的和尚。我们 122
先来看佛陀的就职礼：

A. 佛教并没有如人们通常想象的那样否定神灵的存在。它将

① 《增支部》，i. 76；《长阿含经》，ii. 16；《巴利语词典》，词条“大丈夫”（*mahāpurisa*）。

实在（existence）看作是一种罪恶，从实在当中逃离出来应该是所有人努力达到的最高目标。所以，凡束缚于实在之中的一切都无法占有存在之等级序列的至高点。神灵都是未出世间的，注定会死亡和再生，所以跟已经从实在的循环中解放出来的圣人相比，处于一个很低的位置上。他们不再是至高的存在，而只是未解脱的众生中的一员。悉达多也就不可能经由就职礼而转变成一位*deva*，即一位神，在佛教徒看来，这个词非但不会提高他的等级，反而贬低了他；他变成了某种更高的存在，一位佛，至高的存在，我们还将他描述成神，是因为我们无法想象任何比神还高的存在。

B. 佛陀谴责苦行主义；他宣扬遁世，克制欲望，而不是禁欲和自我折磨。然而，传统要求王在就职之前必须要斋戒和苦行，就像《百道梵书》所说："他们通过苦行征服世界。"[①] 虔诚的佛教徒怎样克服这个障碍？他们主张，佛陀为了获得解脱曾经踏上苦行之旅，直到身体瘦弱得几乎只剩下骨架，然后，当他认识到这是条错误的道路之后，他退回到一种没有欲望、也不再自我折磨的正常生活。

E. 佛教谴责战争，也拒绝将仪式当作获得拯救的方法。那么既没有佩剑，也没有盾牌的佛陀如何赢得胜利？这对于要登基的
123 国王来说可是必须的。他与欲望搏斗——欲望才是人主要的敌人，是死亡和再生的原因，是所有痛苦的来源。欲望，比如摩罗神，用可怕的魔鬼之军攻击他，失败之后，又妄图用自己的女儿引诱他；但圣人不为所动，他赢得了战争，直接获得了他孜孜以求的

① iii. 4. 4. 23.

觉悟，变成了一尊佛。凭借这场胜利的荣耀，他一直被看作是征服者，他的统治期就是征服者的统治周期。

F. 佛陀无法接受被告诫要遵守合乎道德之法律——既然他来到世界上的目的就是要揭示这法律，怎么可能告诫他呢？而众神只要能请求佛陀不要收回他赠予世间的福音，就已经很满足了。佛陀答应了，他在鹿野苑初转法轮，开始传法。他的教法远远超越了世俗皇帝的世间法：皇帝之法遍行于臣民、臣服的君侯、军队、婆罗门、商人和鸟兽，他转动的法轮不可能被任何怀有敌意的人倒转，而“弥赛亚”之法遍行于行为、语言和思想，因此其法轮不可能被苦行者、婆罗门、神、死者、创世者或者宇宙间的任何力量所倒转。[①] 这一表述再清楚不过地说明，教法是世间法的升华。

G. 既然仪式对救赎毫无意义，苏摩便被佛教徒放弃了。

I. 佛陀在就职之前穿上了一件新袍子，但王室的袍子与苦行者的特征格格不入，新袍子及其淡红的颜色因此被解释为从猎人那里得到的一件破衣烂衫，这才是适合遁世者的衣服。然而，看到现代佛教僧侣的亮金色或者火焰色的袍子，人们还是禁不住会猜测这些颜色来自太阳。

J. 洁净的环节也和其他仪式一样都被废止了，但其隐喻还在， 124
那些获得救赎的人经常被描述为“涂以不死之肴”[②]。

M. 既然没有净化礼，欢呼就紧接在胜利之后。眼镜蛇、狮鹫、众神、婆罗门都带着花环来到大丈夫的宝座前，唱起赞歌，

① 《增支部》，i. 109 及下页，iii. 148。

② 《相应部》（*Samyutta*），iii. 2。

“获胜的是光荣的佛陀，击败了罪恶的摩罗”[①]。

O. 在印度的五种王权标志当中，王冠是必须要被取消的，因为和尚必须要剃掉头发，光着头。但对于正统佛教来说，传统的力量太过强大了；美术作品中坚持要在佛陀的前额上保留白毫相，但抛弃了王和王子用来包头的头巾。由于与和平信条相冲突，佩剑也不得不被放弃了。

P. 凉鞋被保留了下来。

Q. 扇子和伞，直到今天佛教和尚仍旧在用。

R. 佛陀在准备获得觉悟时，坐在了一个撒满拘沙草的宝座上。这种草常被撒在祭坛上，以供降临的神灵就座。所以很明确，觉悟确实源自神圣化的过程。

U. 从获得觉悟的那一刻起，悉达多王子就转变成了佛，从此以后，他以这样或那样的头衔——但再不是他的本名——为人所知。

V. 没有王后，国王是不能就职的，原有的神圣王权教义中这一点非常明确。而新的教义中同样明确的是，为了获得解脱，一个人必须要遁世，包括远离妻子和孩子。这个矛盾怎么解决？王后确实被排除了，但王后只是大地的一个象征，奉乳祭中碰触大地的仪式才是恰如其分的，因为它将大地本身作为配偶送给了
125 献祭者。在与摩罗冲突的关键时刻，佛陀触摸了大地，这时它仿佛只是一个站在佛陀一边的见证者，其作为配偶的事实被压制了。

① 福斯保尔，《本生经》，i. 75。

W. 佛陀的觉悟必须是在独处时发生的，因为要通过孤独的静修才能实现。因此他的官员不能跟他一起就职，但我们随后发现他身边有一位“宗教组织的领袖”。[①]

皇帝与圣人的类比关系一直持续到佛陀生命的最后。当佛陀即将涅槃的时候，他最得意的弟子阿难问葬礼该怎么办，佛陀回答说：“欲知葬法者，当如转轮圣王。”接下来他细致讲述了遗体该如何穿戴，火化，骨灰如何存放在一个圆形的坟冢当中，唯有佛陀和皇帝两人可以使用这种坟冢。佛陀圆寂于一个狮子榻上：同样地，埃及诸王在很久以前就是陈殓在狮子榻上。[②] 一位皇帝驾崩之后，他最大的儿子可以继续转动他曾经转动的轮宝；佛陀寂灭之后，他的弟子舍利弗继续转动佛陀转动的法轮。[③]

佛陀的太阳属性在很久以前就表明，他无非是一个太阳神话，无非是太阳现象的人格化表达。我想，他作为那个特别人物太阳王的直系后裔这一事实，足以解释他的光环、他的法轮和他的奇迹力量，尤其是他从自己的身体中生出火焰和水的能力（因为太阳就是雨水的原因）[④]，以及佛陀所具有的其他太阳属性。太阳、月 126
亮、王、祭司和圣人之间的类比关系在印度人的心中是非常明晰的，《法句经》（*Dhammapada*）第 387 节有：“太阳日间照耀；月

---

① 材料来源：富歇（Foucher），《犍陀罗的希腊-佛教艺术》（*L'Art Greco-Bouddhique du Gandhara*）；《增支部》，i. 109 及下页，iii. 148；《本生经》，No. 465，第四卷，第 151 页；《梵文词典》，词条“圣草”（*barhis*）；《巴利语词典》，词条“胜轮”（*jinacakka*）。

② 《长阿含经》，ii. 141 及以下诸页；《增支部》，i. 77；比尔译，《大唐西域记》（*Buddhist Records of the Western World*），i. 162；巴奇，《埃及史》，i. 16。

③ 《相应部》，i. 191。

④ 《摩奴法典》，iii. 76。

亮夜间照明；刹帝利以甲胄辉耀；婆罗门以禅定生辉；佛陀的光辉则昼夜不断地普照。”

我们这里不去讨论基督教和佛教历史之间的确切关系，它们明显是相互关联的。事实上，基督的生涯复制了佛陀生涯的诸多细节，这里我们只要介绍一个概要就够了。基督是犹大古代国王的直接后裔，他的出生已经在以色列必将战胜敌人并将建立一个正义王国的预言中提到了。以色列可以在成为一个世界性帝国和上帝的王国之间进行选择，但这个选择直到撒旦的诱惑时才出现。唯有如此，基督教思想方能依据传统的习俗或者当时的思考避免两难的困境——或者无所不知的神竟然无法确定自己的未来，或者这样的神根本不存在，因而毫无意义。因此，基督教思想遗忘了

波罗那卢伐（Polonnaruva），大白塔

修缮之后，从西南方拍摄

基督出生之前的两可的预言，只记得撒旦努力让圣人选择一种入世的生活。之后，基督隐退到沙漠中斋戒，接下来是与撒旦之间的精神性竞争，基督最终获得了胜利。再后来，他“带着精神的权力”回到加利利（Galilee），并开始布道。我们可能倾向于将基督的第一次布道与佛陀的第一次讲法等同起来，但我认为得从山上宝训去寻找这种等同性，因为直到这时耶稣才颁布了新的法律。但是，新法律是完全原创的：它不再满足于重复或者拓展旧世界的禁令，比如摩西的十诫或者佛教徒的戒律。这些都不过是为积极努力的新福音提供了表达形式而已。

基督教这种原生的生机勃勃的精神确实已经离国王的加冕礼 127
誓言非常远了，我们已经很难想象再将其与山上宝训联系起来，印度也无法充当这两者之间的联系。这个例子表明，最终形式完全不同的事物有可能有着共同的来源，而相似之物却可能实际上各自独立。但是我们继续来看，洁净礼并没有被省略，而是转变成了耶稣宗教生涯的开端，接下来是斋戒和胜利；洁净礼的伟大含义被原样保留了下来：“圣灵降临在他身上，形状仿佛鸽子。又有声音从天上来，说，‘你是我的爱子，我喜悦你。’”圣餐被从圣化礼中取消了，放在了耶稣生命的最后。与此同时，它获得了全新的意义。授予各种标志的环节也被取消了，并转变成了仪式收尾场景的一部分，其含义也完全转变了：耶稣以一件紫色袍子、一顶荆冠和代替权杖的芦苇模仿了国王接受王权标志的仪式。王后的圣化礼完全消失了，但我们看到，这个观念被圣保罗重新复活了，用来表达基督和他的教会之间的神秘结合。耶稣使徒们的圣化礼要等到耶稣死后才举行，在圣灵降临节上，他们都“被圣灵充满”。

在我们自己的主教圣化仪式上，我们更加严格地遵循了古代仪式的规则，一如我们所知的在既定的等级序列中为其成员举行的进阶仪式。

A. 与王的加冕礼中的情况差不多，赞美诗《求造物主圣神降临》(*Veni Creator*) 和祭司之手触摸主教的时候的告诫都表明了仪式的目的：“请接受圣灵的降临，为了在上帝的教会中主教的职能与工作。”

B. 既然有圣餐，也就意味着有斋戒。

128 E. 依据规定对大主教问询的回答和遵守教规的誓言对应于王的加冕礼中的誓言。

G. 圣餐。

I. 法衣与王的礼服很像，事实上，沃利先生说，“中世纪时就有人发现和评论了两者之间的相似性”。

K. 涂油礼。

O. 主教的法冠对应着王冠。

P. 主教的装备中还包括半高统靴。

Q. 主教身份的标志中包括一枚戒指，牧杖取代了权杖。牧杖是牧师群体的象征，在亚述和巴比伦，牧杖也是王权的标志。[①] 人们相信在古代王国中牧杖也只是一个象征符号，但不难想象它一定曾经是像托达人（Todas）的牧羊人一样兼任祭司的牧羊人手中真实的工具。

---

① 迈斯纳，《巴比伦与亚述》，i，第46、48页。

R. 主教拥有自己的法座。

已经有足够多的证据表明，王和祭司本是同根生的不同分支。也许我们根本不必跑遍半个世界去证明这一点，埃及学家已经几乎说明了祭司是从王发展而来的，我们可以直接用莫雷特的论述："既然在实践过程中，法老不可能同时主持多个寺庙的仪式，他便将权力委托给职业祭司，即'神的祭司'。这个祭司不是以自己的名义行事，而是化身为王……'神的祭司'宣称他就是法老，或者'法老专门委派他'来主持仪式：因为除了法老和被国王赋予自己人格的祭司之外，任何人都不能出现在神的面前。"

无论如何，我们的调查已经清楚地表明，国王和祭司的分化在作为所有后来宗教之母体的史前宗教中就已经出现了。在这一 129
分化发生之后，不同民族中王与祭司的差异的发展程度各不相同，但直到今天在这个问题上也没有人能与希腊人和罗马人相比：当他们废除了君主制之后，王的祭司功能就全部被授予了一位被称为"王–治安官"或者"仪式之王"的官员，这个人与国家事务毫无关系。罗马的衰败使得原来王和祭司之间混淆不清的状况又回来了。中世纪的君主制拥护者坚持强调国王的祭司性质。为了支持自己的论点，他们指出，王和祭司接受的涂油礼明显是非常相似的，而且王和祭司一样有接受包括饼和酒两种要素的圣餐的特权，但平信徒没有。794 年的时候，北意大利的主教们在写给查理曼大帝的吁请书中称呼他为"王和祭司"。教会当然不会允许君主侵入其精神国度的专有领地，所以争辩说，国王的功能和生活方式与祭司的特征格格不入，并将祭司的涂油礼提升到国王的涂油礼之上。[1] 但是教会在满怀嫉恨地守卫自己的边界免遭入侵的同时，只要有机会，就随时准备入侵世俗世界，教会与国家的冲突一直持续到双方决定求同存异，彼此尊重对方的支配领域。现代世界就是这样在王和祭司之间形成了明确的区分，而希腊人和罗马人早就做到了这一点。但是直到今天这个区分也并非如此彻底，一旦欧洲处于衰败时代，王和祭司像过去的时代一样重新被混淆仍旧不是不可能的。

① 布洛赫，前引书，第 73、186 及以下诸页。

第十一章

彬彬有礼的复数形式

为什么以第二人称复数形式称呼别人会显得彬彬有礼？我 130
们首先想到的是，很多人物比单一的个人更重要，任何人要自然地表达对其重要性的感受，在选择如何称呼他时，都要仿佛他是由许多人构成的。但这确实是自然的，还是只是因为我们习惯如此？在索尔兹伯里（Salisbury）的约翰生活的时代，这种源自罗马的用法的重要性尚未被遗忘，他便觉得这并非是自然的，约翰断言："我们为单数的人授予复数的荣耀，这是对我们的统治者撒谎。"[①] 几个世纪之后，贵格会持同样的看法，他们有意识地拒绝以这种方式滥用复数形式。进一步而言，这种解释并不令人满意，因为它无法解释另一个似乎与此相关的用法。法国佣人用第三人称单数来称呼他们的主人："先生（Monsieur）要做这个吗？""夫人（Madam）喜欢那个吗？"不只法国用第三人称复数来表达礼貌；我们知道，在古印度这种形式比用来表达礼貌的复

① 《论政府原理》（*Policraticus*），第 3 卷，第 10 章，C. C. 韦伯（C. C. Webb）编，转引自布洛赫，前引书，第 353 页。

数出现得还要更早。[①] 我们当然更愿意找到能够同时解释这两种用法而不只是其中之一的理论假设。

131 探寻起源最安全的规则就是寻找这些表达和普遍的确凿信念的本义，看看会发生什么。将这条规则应用于当前的案例，结论是高等级的人被用复数称呼是因为他们本来就被认为是多而不是一，或者他们被用第三人称称呼，是因为确实有第三个人就在现场。我们已经知道，一个人可以是一个或者多个神灵，这为我们提供了必要条件：你可以就一个人身上的神来向他询问："他（He）为什么对我们感到愤怒？"，也可以直接将人和神合并起来称呼："你们（You）为什么对我们感到愤怒？"

为此，国王们、官员们和其他类似的人们的神圣性为这两种用法提供了一个简单完美的解释，而且这种解释就是真实原因（*vera causa*）。一个斐济祭司在日常状态下被贵族们称为"你（thou）"，但在被神灵附体并接受这些贵族的崇拜时，他变成了"您（you）"。科德林顿博士认识一个麻风岛（Leper's Island）的人，"他出于对死去兄弟的情感，将后者的尸体挖了出来，并用他的骨头制作箭矢。从此以后他便称呼自己为'我和我的兄弟'"[②]。

关于以第三人称和复数形式表达礼貌的用法的分布范围我所知甚少，但也足以证明它们有共同起源的假设。以第三人称表示礼貌的用法显然是两者中更古老的：印度的情况当然如此，而这

---

① 《百道梵书》，x. 3. 3. 3。

② 《美拉尼西亚人》（*The Melanesians*），第 309 页注释，G. 罗海姆（G. Roheim）先生为我指出了这一点。

可能是希伯来人唯一所知的表达礼貌的方式。用复数形式表达礼貌最早的实例似乎是出现在巴利语文献中。这种用法零星地出现在佛本生故事当中。不幸的是，要确定这些故事出现的具体时间是不可能的，其中有些因素无疑是非常古老的，而另外一些则只是在基督纪元之前才出现的。总之，我们一定面对的是这个现象
的开端，复数形式的使用尚且十分不稳定：说话的人在同一个句 132
子当中都会摇摆不定，仿佛他偶尔才会想起使用这种新的时髦表达。另外，很重要的一点是注意这种复数形式都用于什么人。我已经找到的案例包括：国王、佛陀、佛教祭司、婆罗门、苦行者、各种原始形式的酋长、父亲、配偶的父亲，以及所有具有神圣性的人[①]；实际上，要直接证明这个理论的困难之一是，在印度每个人都是神圣的，不管你是谁。在梵文经典当中，以复数表达礼貌的方式并不普遍，而只是作为非常尊敬某人的标志来使用。在现代泰米尔人和僧伽罗人当中，使用复数形式来称呼非常受尊敬的人是一条规矩，即便只是提及他们也是如此。一个僧伽罗人从不会说“the King”，而总是说“the Kings”。古希腊人和古罗马人不知道用复数形式表达尊敬。这种方式最早零星地出现在他们的语言中已经是公元四世纪末期的事了，当时正处于戴克里先皇帝和君士坦丁大帝时代，东方正在完成对古典世界的和平

---

① 《本生经》（福斯保尔），i. 138，141，137，292，140；ii. 102；iv. 133。《大统史》，xxxiii. 92。《对法句经的评论》，福斯保尔编，第 241 页。奇尔德斯（Childers），《巴利语词典》，词条“你”（*tvam*）。《本生经》第四章 322 节将一个善良的妇人描述为“*sassudevā*”，意为“将配偶的母亲视为神”。男性亲属的神圣性是一个大问题，本书无法处理。请参看《人》，1924 年，第 132 期，我在那篇文章里提供了其他参考资料。

征服。[①]索尔兹伯里的约翰知道，我们自己的国家从罗马人那里学到了这种用法。在阿拉伯，直到今天这种用法都只限于较大城镇的官员和受教育阶层；而在《古兰经》中则没有这种用法。[②]因此，阿拉伯人直到与拜占庭帝国发生联系之前，都不熟悉这种形式。

从印度往东，我只熟悉斐济人如何用复数表达礼貌；一方面
133 更加野蛮的所罗门群岛和另一方面更加文明的汤加与萨摩亚，都对这种方式一无所知。但汤加和萨摩亚懂得用第三人称单数表达礼貌，或者至少出现了复数表达礼貌形式的萌芽，因为他们称呼王为“Thy Presence”。这再次证明了我们的假设：斐济，或者至少是其东海岸，曾经一度被波利尼西亚人占领，即与汤加人操相同语言的同一民族的人，他们逐渐被来自更加西部的、如今占领了整个斐济的黑人推回到了萨摩亚和汤加。[③]汤加人和萨摩亚人代表了较早的地层，只知道用第三人称单数来表达礼貌；斐济人则是在用复数表达礼貌这一方式被发明之后，才离开亚洲，涌入斐济的。

以第三人称单数和复数形式表达礼貌的历史可以总结如下：最初在西亚的某个地方人们开始通过王、祭司和官员与神相互沟通，于是会问：“你的圣神今早都好？”这种风俗向四方传播，东边最远就传到了波利尼西亚。后来，更直接的称呼形式出现了，

① H. J. 罗斯，《彬彬有礼的复数形式》(The Polite Plural)，《人》，1924 年，第 80 期。

② 拉格兰勋爵(Lord Raglan)，《以复数形式表达礼貌的起源》(The Original of the Polite Plural)，同上，第 2 期。

③ 《早期斐济人》(Early Fijians)，《皇家人类学会杂志》，1919 年，第 42 页。

神与王合并在一起被以第二人称称呼。这种方式可能起源于印度，是王和祭司逐渐从只是神的代理人逐渐上升为神本身的结果。我们知道，印度的祭司原本是从神灵处获得自己的特权与威望，但他们将人的神圣性发展到极致之后，最终超越了神灵。以复数表达礼貌的方式从印度向东西两个方向传播，因为这种方式更清晰也更简洁，便逐渐取代了从前以第三人称表达礼貌的称呼方式。然而，复数形式毕竟起源较晚，所以也没有在所有的地方都成功取代从前的形式。在德国，这两种方式就混杂在一起，出现了用第三人称复数表达礼貌的方式。

如果上述实验性的图景是正确的，这两种表达礼貌的说法就为判断文明传播的历史沉积物的连续性提供了颇有价值的帮助。

第十二章
入会礼

134 当我们思考不死之食的斐济版本的时候，就触及了斐济的水精灵崇拜。这个崇拜现象值得更加细致地研究。这是一种古代崇拜在近期的复活形式，并非没有受到基督教的影响。这些成年礼的源头原本在主岛的丘陵地带，相比东部海岸地区，这里的酋长权力比较弱。成年礼向东传播到了海边，但他们似乎没有太认真地对待这个仪式，也没有我们搞得那么热闹，成年礼是唯有青年人才乐于沉迷其中的戏法儿。另一方面，在丘陵地带，成年礼是一项严肃的事务，是战争的前奏曲，可以让通过成年礼的人踊跃参战，附体在他们身上的小妖精让那些拿着棍棒和火枪的人重新振奋起来。我们已经知道，附体是由歌唱和饮用卡瓦酒造成的，卡瓦酒仪式是按照“酋长的方式”——“斐济人为酋长举办卡瓦酒仪式的方式”——举行的。

根据斐济人自己的看法，成年礼不过是加冕礼的一种形式，与酋长的就职礼属于同一个属，但种不同而已。另一方面，这两种仪式可能就是彼此独立的，但在斐济变得你中有我，我中有你

了。实际上我觉得无疑是王室的卡瓦酒仪式影响了成年礼的卡瓦 135
酒仪式，但唯有这两种仪式在斐济人的心中呈现出某种明显相似性的时候，它们才能够彼此影响，他们一定是意识到私人的生命过程中的成年礼呼应了酋长的职业生涯中的就职礼。我们因此又回到了最初的主张：至少在斐济，成年礼和就职礼是同属异种的两个仪式。

全世界的成年礼通常都是将大约处于青春期的少年引入成人生活的仪式。但对于崇拜水精灵的人来说并非如此。它们似乎已经从青春期仪式当中分离出来，变成神秘的丰收（*mbaki*）入会礼的一个分支，关于后者我们只是非常粗略且不确定。不过，尽管材料不充分——即便我们已经拥有了最丰富的资料也必然如此，我们还是能够找到其与酋长就职礼大量的共通之处[①]：

A. 相关理论从来就没有说清楚过，但是，当老成员在某一刻开始扮演死去的祖先，新入会者也将变成老成员，接下来他们也早晚要变成能够扮演死去祖先的人。

C. 仪式的程序是严格保密的，社团的新成员要与其他人隔离生活四天。

F. 仪式过程中一共有两次告诫，第一次是在宴席之前，之后新入会者就被接收为社团的新成员，他们被郑重警告“不可向未
入会者透露他们看到和听到的任何秘密”。第二次告诫发生在最后 136

---

① 菲森，载《国际民族学档案》（*Internationale Archive für Ethnographie*），ii. 266 及以下诸页。A. B. 乔斯克（A. B. Joske）先生在第 254 页的记录和我自己的笔记一样，明显地只局限于这些仪式的公共部分。菲森关于秘密礼仪的描述是否完整也很可疑。

的沐浴之后。酋长祭司为新成员指出他们将要承担的责任，严令他们要遵守部落风俗，威胁他们说，如果他们向未入会者泄露秘密，将遭到神灵的报复。

G. 饮用卡瓦酒的环节被安排在仪式最开始，人们每天给新入会者提供食物，由这些一起被神圣地隔离起来的人共同分享。

I. 这些新入会者在仪式的最后阶段会沐浴。

V. 在入会礼的最后，沐浴之前，他们被允许自由地和女人发生性关系。

X. 一种在我们观察过的加冕礼中不存在，却在入会礼当中普遍存在的新特征出现了：新入会者用黑灰涂抹自己的脸，在沐浴的时候洗掉。

丰收崇拜属于秘密会社的入会礼系列。另外一个仪式系列，割礼，在斐济也同样存在。在瓦努阿莱武岛（Vanua Levu），割礼总是在酋长或者贵族死亡的时候举行，所有适龄的男孩都在这时接受手术。这样，成年礼就和酋长地位结合在一起了。这个手术据说是对刚刚死去的人的献祭，因此我使用 *i loloku* 这个词来描述它，这个词没有准确的英文译法：它可以表示酋长死后殉葬的人牲，在酋长死亡时祭奠者割下的自己的小手指，葬礼的礼物，最后还有在酋长死后留在屋子里面一段时间的人。所以看起来割礼就是献给刚刚死亡的人的供奉，被割礼者被认为陪着死者一同死掉了。这些受割礼者的严厉的教父爬到他们住的房子顶上，召唤
137 鬼魂来吃掉他掌管的这些男孩。新入会者还要前往埋葬死去的贵族的山洞，找到藏在那里的海螺。他们铺一片椰子树的叶子在地上，唱歌邀请鬼魂降临站在上面，然后将叶子拉走，如果拉得动

就连鬼魂也一起带走——鬼魂实在是太重了。这样，他们仿佛将鬼魂带回到了村子里。理论到此为止，至于仪式，包括被禁闭在房子里，新入会者和成年人之间的模拟战斗，最后的沐浴和宴席。在割礼之前，这些男孩不论什么年纪都可以赤身裸体地四处游荡，但现在他们必须要穿上衣服了。

摩鹿加群岛的塞兰岛（Ceram）是美拉尼西亚文明的西部边缘。[①] 黑色帕塔西瓦（Black Patasiwa）部落有一个叫作卡奇翰（Kakihan）的秘密会社：

A. 没有什么地方在行动中将生与再生的理论表达得更加首尾一致了，新入会者被认为丧于魔鬼之口，这个步骤会被如实地告知给妇女们，插在猪血中的矛证明了降临在这些男孩们头上的命运。男孩们重新出生之后，他们表现得似乎已经忘记了哪怕是最简单的行为。

C. 卡奇翰秘密会社的大本营是一个隔绝的地点，严禁妇女们进入。实际上，关于实际的仪式进程，妇女们是被蓄意欺骗的。

F. 仪式一开始，新入会者就被告诫要严守卡奇翰的秘密，并且与他们自己的社区处于对抗状态。

J. 新入会者在会社的房子里面被隔离到第四天的时候要沐浴。

K. 接下来他们要在身上涂油。

Q. 他们都会得到一根大约 45 英寸长的棍子。

二十天到三十天之后，他们要到树丛中剪掉头发。我们已经
注意到了，吠陀时代的国王要在圣化礼结束的时候举行剪头发的 138

① 陶恩（Tauern），《帕塔西瓦与帕塔利玛》（*Patasiwa und Patalima*）。另参见《金枝》，第二章，第 442 页。

仪式。

印度只有构成上层社会的三个种姓的人可以举行成年礼，这是我们思考成年礼来源时需要记住的最重要的一点。成年礼是贵族、祭司和自由民的特权，这些种姓提供了王、祭司和村落首领。

A. 这三个种姓因为有成年礼而被称为再生族，这个头衔表明了成年礼的全部理论：这是一个关于再生的仪式。“根据启示原文所宣示的”，《摩奴法典》说[①]，“再生族第一次出生在母胎中，第二次在腰带中”，腰带在成年礼中是最重要的。

D. 成年礼的前夜是在绝对寂静中度过的。

E. 关于古吉拉特成年礼的当代描述中没有实际出现胜利的观念，但是，在仪式开始的时候，向四方抛撒油料作物的种子来驱赶恶鬼，这个观念是有的。[②]

F. 净化礼之后，训导师给这些男孩下一系列的命令，不过，似乎也没涉及什么重要的事。

I. 如果到仪式举行的时候，男孩还很小，可能仍旧赤身裸体或者只有一条缠腰布。现在则要交给男孩两块黄色的布，其中一块是用来穿的，还有一块后面会系在他的竹棒上。这两个布条显然对应的是塔希提和英格兰国王的腰带，只是在塔希提的加冕礼上，腰带成了仪式的核心要素。

J. 人们将水倾倒在男孩的手上，然后他看向太阳。

P. 男孩得到伞和鞋子。

---

① ii. 169.

② M. 史蒂文森夫人，《再生族的礼仪》，第 29 页。

Q. 他得到一根权杖。 139

R. 接下来他坐在凳子上，接受上文所说的净化礼。

T. 男孩绕着火堆行走。

U. 他得到一个新名字。

V. 在得到圣线之前，婆罗门不可结婚。当水被倾倒在他手上的时候，“从此他可以考虑结婚的问题了”。

关于厄琉息斯（Eleusis）秘仪，我们的知识不够完整，不过既然这些秘仪最重要的部分都是保密的，不完整才是正常的。[1]

A. 这些秘仪与死亡和再生有关，它们都提到了珀耳塞福涅（Persephone）降落到冥府又返回地面的神话，以及扎格列欧斯（Zagreus）被肢解和伊阿科斯（Iacchos）复活的神话。参加者被要求“在幽暗的廊道上”徘徊，然后一道奇妙的光照在他们身上。

B. 那些虔诚的信徒似乎在秘仪举行之前已经斋戒了九天，而其余的人则只是拒绝某些特定的食物。

C. 所有的陌生人和杀人者在仪式开始之前都被勒令离开。

E. 秘仪的最后是假装的战斗和竞赛。如果这是国王圣化礼中的战斗和胜利的对应物，那它本来应该发生在仪式的一开始。我们已经太过习惯于环节错位的仪式案例了，因此不大会将这一点看作不可逾越的障碍，然而，任何时候只要这种错位发生，其实都会给我们造成困难，我们必须找到确切证据说明发生了错位，如果不能，也要有充足的理由解释为什么这一错位原本就应该发

① 史密斯，《古典时代词典》，词条“厄琉息斯秘仪”（*Eleusinia*）；K. F. 赫尔曼（K. F. Hermann），《古代仪式》（*Gottesdienstliche Alterthümer*），55。

生。我觉得在这个案例里面，是希腊人体育运动热情的高度发展
140 造成了仪式的错位：战斗本身就成为了目的，其原来的意义丢失了，所以也就没有理由将其保留在仪式开端的正确位置上了，但可能只是为了方便而已，将战斗放在仪式的结尾比让整个仪式都因等待运动项目结束而停摆显然要方便得多。

F. 在进行入会礼之前，这些密教信仰者必须接受将他们引入密教之人的教导，内容包括他们即将要接受的净化和仪式环节等等，在此之前，他们的名字还要被拿去审查。他们被叮嘱要严守仪式的秘密。

G. 仪式中包含了献祭。我们应该特别关注其中出现了一种薄荷、大麦和水混合而成的高度仪式化的食物，“这在整个仪式中都是最重要的部分，我们可以说，就是分享厄琉息斯秘仪的圣餐，是对德墨忒尔（Demeter）在长途跋涉和毫无结果的搜寻之后补充食物这一神话情节的追忆”。

H. “在雅典和厄琉息斯城之间有一座桥，人们列队庄严地通过这座桥的时候，按照旧风俗，他们会辱骂那些他们想骂的人。”[①] 我们也不确定这是在去雅典的时候，还是出来的时候。厄琉息斯人的故事还说到去伊阿姆柏（Iambe）成功地让德墨忒尔发笑，从而结束了她的斋戒。

I. 领头的祭司，祭司长，穿着东方样式的衣服。持火炬者也看起来穿的是王室的服装，普鲁塔克（Plutarch）曾经讲过一个故事，说持火炬者被误认为是国王。

---

① 里德尔（Liddell）和斯科特（Scott），《希腊语词典》（*Greek Dict.*），词条“桥”（*γεΦυρίζω*），转引自海思科（Heysch），苏伊德（Suid）。

L. 有迹象表明仪式中存在献祭，在传说中则提到扎格列欧斯被肢解。

O. 主祭司带着头巾，祭司们和参加仪式的人则戴着桃金娘和常春藤编制的王冠。

T. 人们列队庄严地从雅典来到厄琉息斯城来庆祝秘仪，这次 141
游行看起来并不代表原来的巡游，而是来自雅典征服厄琉息斯城之后雅典人的仪式。因此，这似乎是一种我们一直十分警惕的偶然产生的相似性。

V. 根据基督教作家的描述，主祭司和女祭司们表演了一场“神圣的婚礼”，要多真实就有多真实。我们收集到的材料表明，被强奸的女祭司是德墨忒尔的化身；因此，这个表演代表着上天与大地的结合。

Z. 依据入会者在仪式中达到的层级，有各种级别的入会礼。

一如我们看到的，厄琉息斯秘仪祭司的服装涉及了王权。必须要注意的是，这些祭司跟普通行入会礼的人不同，不是自由选择入会的，每个祭司职位都是在古代厄琉息斯家族中传承的财产。因此他们都属于古老的祭司群体，根本上都衍生于最初的王-祭司。

密特拉教与吠陀崇拜根源于相同的宗教，故其入会礼对我们的研究来说至关重要。比此前的情况更加不幸的是，历史学家“只是通过些许泄密者才得知了密特拉教的秘传教规”。即便如此，这些泄露出来的材料也是值得记载的。[①]

① F. 库蒙，《密特拉秘仪》，第 148—181 页。

A. 入会者要接收血的洗礼，这是“一时的，有时甚至是永久的，对人的灵魂的更新”。血来自被献祭的公牛，这公牛代表了原始的或者未来的神牛，当它被献祭的时候，曾经或者必将带来整个世界的再生。

142 B. 准备圣餐的过程包括长时间的禁食和大量的苦修。

C. 仪式需要严格的保密，最初是安排在一个隔绝的洞穴里面进行，在罗马则是在地窖里面。

E. 整个仪式就是为了献身于密特拉，无敌的太阳神，用以纪念它战胜了公牛。

F. 新入教者跟军队里的新兵一样要宣誓，“候选人要保证在任何情况下都不能把听到看到的任何教义和礼仪泄露出去，但其他强制他们遵守的更特殊的誓言除外”。

G. 在玛兹达教（Mazdean）的仪式中，仪式主持会将面包和水圣化，其中还混入了他预备下的能够醉人的豪摩（Haoma）汁，在献祭的过程中，他会吃下这些食物。除了豪摩以外，这些古代的做法都在密特拉仪式当中保留了下来，豪摩是一种替代葡萄用来榨汁的植物，不为西方世界所熟悉，“入会者面前放着一条面包和一杯水，祭司对着食物念诵神圣的信条”。这些爱筵（love feast）明显是在重演最初的宴席，因为“密特拉在升天之前设宴与太阳神共同庆祝”。

I. N. “在特定的场合，仪式主持穿的衣服要符合他们获得的头衔。”

J. “新入会者被要求反复进行沐浴，即相当于洗礼，以洗去他们身上有罪的污染。”

L.“密特拉信仰因表演人牲而被谴责，其原因大概在于，这一模拟的谋杀最初无疑是真的施行过。”

O. P. 渴望获得士兵军衔的新入会者“被给予了一顶放在宝剑上的王冠，他用手将王冠往后推，让其落在自己的肩膀上，并说
密特拉就是他唯一的王冠”。这个礼仪与亚美尼亚的婚姻加冕礼经 143
历了同样的变迁。

X. Y. 新入会者在一定的场合“要带上动物的、士兵的和波斯人的假头套”。

Z. 根据他们到达的层级，入会礼一共有七档。

在我们主要挑选出来研究的这些人当中，成年礼的案例不大好找到，但在他们的社会里过去或现在都有神圣王权是确定无疑的。其中的一个原因是，就像希腊一样，仪式很久以前就已经没落了，如果我们能将散落的提及成年礼的材料缝补成一个多少有价值的记录，就已经很幸运了。另外一个原因是，错误的偏见破坏了收集事实的工作，就像破坏了奠基于事实之上的理论研究一样。当第一个野蛮人开始被研究的时候，我们就仓促地假定他们的宗教发展精确地对应于他们生产技术的发展，如果他们使用石器，并像旧石器时代的人一样不怎么穿衣服，那他们的宗教也一定跟旧石器时代的差不多。实际上，这也是他们之所以被研究的全部原因，我们希望通过这种方式来了解我们自己的史前祖先。而另一方面，如果他们使用铁制工具，那么文字材料则明显晚于他们的宗教，因此对于研究早期起源的学者来说就没什么用。为这种假设所误导，人类学家完全忽视了他认为的精神文化更加发达的人群，他才刚刚开始意识到，分界线不是存在于原始人和

先进民族之间，而是存在于不同区域之间，区分不在于像维达人（Väddas）和火地岛人（Feugians）那样赤身裸体的猎人与雅利安人、印加人之间，而是在于印度和南美之间。那些致力于研究所谓先进种族的学者通常都是偏爱书卷气的人，根本不愿意收集口
144 传信息，就算他们愿意，也几乎不大可能从编辑和解释浩繁文献的急迫任务中抽出时间，因为这才是他们认定的研究工作。但书本中的知识都是不完整的，根本就不会注意到平民百姓。既然恰巧我们关于其他地方的成年礼的知识要远多于我们自己研究的区域，我们就必须要突破一点界限，虽然也走不太远，如果愿意，我们将收集到足够多的案例，案例能够说明王和新入会者之间的相似性，而不是局限于偶然的争论。

新赫布里底群岛（New Hebrides）的班克斯群岛（Banks Islands）很难说在我们研究的区域之外：其语言与斐济语言有着密切的亲缘关系，特别是两者用来表述神的词是完全一样的，他们的传说，尤其是关于天神唐葛洛雅（Tangaloa）的传说表明，追随着占领了斐济东部海岸地区的神圣王权的波利尼西亚人或者准波利尼西亚人曾经生活在这里。[①]

A. 班克斯群岛社会的新入会者被称作“*Tamate*”，意思是死人。因此他们被等同于死亡的鬼魂。似乎鬼魂和太阳之间存在某种联系，因为它们被一起画在门上。

B. 斋戒要持续一段时间。成年礼也包含了以折磨和困苦来考

① W. H. R. 里弗斯（W. H. R. Rivers），《美拉尼西亚社会史》（*History of Melanesian Society*），i，第 92 页。我的《早期斐济人》（*Early Fijians*）。R. H. 科德林顿，《美拉尼西亚人》，第 30、86 页等。

验入会者的因素。

C. 候选人要被隔离起来生活一段时间。

E. 也许我们可以看到仪式战斗中的幸存者殴打候选人；也许这和折磨加在一起相当于使王获得任职资格的“苦行”。

F. 候选人被告诫要像一个社会成员那样履行自己的义务。

O. 候选人会得到帽子，其中一种形式的帽子上饰有羽毛，明
白地表明和夏威夷酋长的头盔有关系。同样类型的带羽毛的头盔 145
是新不列颠的秘密会社面具的一部分。[1]

X. 帽子和面具是连在一起的。乍看上去是秘密会社特有的风格，我们从来没有在王的圣化礼中见到过这种形式。但其实面具也不代表什么新的意义。戴面具的主要目标就是让接受圣化的人与他所扮演的神灵更加相似。在班克斯群岛，这些神灵就是死者的鬼魂。但我们已经注意到，为了做到这一点，王经常都装扮得宛若天神：塞德节上的法老，西塔罗佳节（Citraraja）上的库鲁王，凯旋式中得胜而归的罗马将军。面具并不包含新的规则，甚至连斐济人将追求人鬼相似这一规则用于成年礼是否是独创的都很可疑。

Y. 班克斯群岛的面具常常都是动物模样，在这样的例子中，社会的名字都取自动物。我没有直接的证据表明国王们假装自己是动物，但祭司们确实这样做，而既然祭司和王有着共同的起源，将他们当作证据也是可以接受的。巴比伦的祭司偶尔会

① W. T. 布莱汉姆（W. T. Brigham），《夏威夷羽毛制品》（*Hawaiian Feather Work*），40 及以下诸页。

装扮成鱼。[①]M. 莫雷特[②]同意加斯顿·马斯佩罗爵士（Sir Gaston Maspero）的看法，雕刻在埃及寺院墙上的情景“对应着纯粹的真相，为了与王后结合，国王原来会穿上阿蒙神的衣服，假装成他的样子；为了女儿的分娩，祭司和女祭司会穿上音乐神贝斯、阿比特（Apit）、爱情与丰饶女神哈托尔、公羊神库努姆的衣服，戴上他们的面具，拿着他们的标帜，等等”。这些神的头都是动物头的形象。我们在别处也看到过某些时刻祭司装扮成鹰头荷鲁斯，
146 这也是王权的特征之一。国王自己也具有动物本性，他们会被称作布托（Buto）的蛇主或者赫拉康波里斯（Hieraconpolis）的鹰主[③]，我们还听说过前王朝时代的蝎子王[④]。古印度充满了眼镜蛇-王，鸟-王也并非不常见。[⑤]僧伽罗的国王称自己是皇帝，他们的祖先可以追溯到一只狮子。这只狮子掠走了一位人类的公主，生下的儿子有着狮子的手脚；与此相应地，印度相信大丈夫是皇帝和圣人两个种构成的属，也有着狮子的爪子，上半身就是狮子的样子。[⑥]秘密会社在模仿动物的时候，只是保留了神圣王权在我们有记录之前的遥远时代就已经丢失了的一个古老的特征。有一个理由可以完备地解释这个特征为什么会丢失——模仿动物与国王日益高涨的威严和世俗的权力实在是太不相称了。

---

① 朗顿,《皇家亚洲学会杂志》，1922 年，第 612 页。

② 《法老王权的宗教特点》，第 72、87 页。

③ H. R. H. 霍尔,《近东古代史》，第 99 页。

④ B. J. H. 布雷斯特德,《埃及史》，第 36 页。

⑤ 《梵文词典》，词条“那伽”（*Nāga*）,《本生经》，No. 545，福斯保尔，vi. 256。

⑥ 《大统史》，vi ;《长阿含经》，ii. 18。

Z. 班克斯群岛的死人秘密会社有各种级别的入会礼。

托雷斯海峡群岛位于美拉尼西亚的边缘，那里的人们将他们一部分文化的源头追溯到了新几内亚。[1]

B. C. D. 男孩们要被隔离整整一个月，不许说话、玩耍或者吃动物性食物［威尔士王子岛，本地人称为穆拉鲁格（Muralug）］，他们被用烧着的椰子叶清扫身体。

F. 这些男孩被教以行为规范，在图图岛（Tutu），这些规范包括了印度转轮王所立的五条戒律中的三条[2]："不偷盗，不妄语，不奸淫。"

J. 新入会者沐浴。 147

V. 阴毛的出现是成年礼的标志，新入会者"被教会怎么对付女人"；他们要学会与女人交往的巫术方法，好让女人爱上他们；当他们返回家里的时候，他用巫术"把女孩召来"，而且看起来这通常都是婚姻的前奏（图图岛）。

澳大利亚土著人曾经一度被当作是原始人的典型。从技术发展方面来说，他们无疑就是如此，这也让人类学家们对他们自己的说法完全充耳不闻——他们很多最根本的习俗都是从北方传入的。幸运的是，我们后来变得习惯于更加关注这些说法，澳大利亚文化的独立性再不似从前那样被我们当作是一种教条了。我们再不害怕解剖他们的习俗，看看其结构是否将他们与澳大利亚之外的其他类型联系在一起。我们要分析的例子是来自东南澳大利

① 《剑桥托雷斯海峡考察报告》(*Report of the Cambridge Expedition to Torres Straits*)，卷五。

② 同上书，第 23 页。

亚的库尔奈部落（Kurnai）。[①]

A. 一个神，即这个部落的父亲的父亲，为了将部落的男孩变成男人而从天上降临。这事是怎么做的我们并不清楚，这或者归咎于当地人自己就忽视了这个问题，或者就是因为我们的记录本身不够完善。然而，我们可以这样推断：处于见习期的成年礼成员不能看女人，包括自己的母亲，也不能看鸸鹋，鸸鹋是神的母亲，因此有等式：

鸸鹋 = 神的母亲

鸸鹋 = 新入会者的母亲

∴新入会者 = 神

可以确定的是，新入会者死掉并且再生，他们“躺下睡觉时还是男孩，但醒来的时候就已经是男人了”。这是“某种巫术的睡眠，与人类一般的睡眠不一样”。这个巫术睡眠的意义是确定无疑
148 的，当男孩们返回营地的时候，男孩的妈妈和姐妹会用白色黏土在自己的脸上涂一道标志，这是表示哀悼的象征。

B. 见习期的男孩每天只能吃最低定量的食物。

C. 要严格遵守保密的要求。

D. 前面已经提到了女人们的哀悼。

E. 有些部落要通过让年轻人参加仪式战斗来考验他们的资格，尤其是在南昆士兰地区。[②]

---

① A. W. 豪伊特（A. W. Howitt），《东南澳大利亚的土著部落》（*Native Tribe of South-East Australia*），第 525 页。

② 同上书，第 639 页。

F. 新入会者要学习适用于成年男性的道德规范，其中有两条是印度转轮王的戒律：不妄语和不奸淫。第三条关于禁食限制的规范可能对应于印度皇帝含义不清的第五条戒律，“像曾经被吃那样吃（eat as has been eaten）”。[①]

G. 我们没有直接的证据表明库尔奈的仪式里有圣餐，但我们可以推测。成年男人杀死一只袋鼠，新入会者蒙着头坐下，当蒙头的遮盖物被扯掉的时候，老人们首先用手指向天空，然后再指向袋鼠，再然后，新入会者吃掉袋鼠。后面的程序就都是一样的，代表古代天神及其妻子的牛吼器（bull-roarers）被展示给新入会者。这个仪式被称为“展示爷爷”，其意义是不容置疑的，即“看到天空没有？这些牛吼器就是天空”。通过上述分析，我们可以确定袋鼠就是天神，新入会者吃掉神，变成神。

H. 老人们想“通过荒诞滑稽的孩子气的表演让男孩们发笑”，但男孩们事先都被他们的表亲警告过，所以看起来都麻木冷漠，面无表情。

J. 新入会者进行沐浴。 149

O. 他们得到一条缠头带。

U. 他们获得一个新名字。

V. 当一个男孩的开始长胡须，并且比正常情况更加关注女人的时候，他就该接受成年礼了。有一个部落允许新入会者在进行成年礼这一天和部落里面除了血亲之外的任何女人过夜；另外一个部落则觉得男孩如今已经是男人了，可以自由地到其他部落去

① 豪伊特，前引书，第 23 页。

偷一个女人。在库林加尔人（Kuringal）和其他部落中，男孩的成年礼必须要由他可娶妻的群体中的男人来主持。

X. 男孩的脸要用赭石做上标记。

Y. 在上文提到的巫术之眠期间，新人会者不可说话，只能像鸸鹋鶌鶊那样叽叽喳喳地叫，这种鸟是部落男性成员的“图腾”，他们还要模仿部落动物跳舞。

就是在这些被认为最原始的部落中，我们发现了与我们已经发现的加冕礼严丝合缝的对应物。而且，新入会者并没有像班克斯群岛的年轻人那样代表死去的魂灵，而是代表祖先神，与斐济酋长代表的斐济祖先神一样。

我们再从澳大利亚来到非洲，在这里我们首先简要介绍肯尼亚殖民地的基普西基部落（Kipsiki）的割礼。[①]

A.“接受成年礼的人将母亲的裙子覆盖在自己身上，仪式似乎以此表明新入会者回到了出生之前的状态。”实际的手术在日出时进行，候选人面朝太阳排成一列。

B. 新入会者被用锡克荨麻（*seik* nettle）抽打头部、身体，特别是阴部，这会带来难以忍受的疼痛。这究竟是对应于王的“苦
150 行”还是胜利是无法确定的，也许两者兼而有之，因为王就是通过苦行征服世界的。

C. 男孩们要在一个小木屋里面隔离一个月，只有大小便的时候才能离开。女人和未接受成年礼的人在仪式期间要离开，而且仪式的具体做法不能透露给女人、未受割礼的人和陌生人。

---

① 贾克森·巴顿（Juxon Barton），《基普西基笔记》（Notes on Kipsikis），《皇家人类学会杂志》，1923 年，第 42 页。

F. 男孩们接受的告诫包括不要偷盗或者实施巫术，哪些事能做，哪些事不能做。

G. 老人们畅饮用穇子酿造的啤酒，并把啤酒吐在男孩们的身上。

I. 既然新入会者都穿上了妈妈的裙子，就表明他们要重新回到子宫，印度国王加冕礼上的斗篷发挥的功能与此是一样的。

J. 男孩们从水中蹚过去。

K. 他们将黄油涂在头上。

O. X. 在隔离期间，新入会者要戴上一个连着面具的头饰。

V. 在隔离即将结束的时候，新入会者会和一个女人发生性关系，如果有必要，就不惜用强。

Y. 在仪式过程中，有一个人扮演豹子，牛吼器发出的声音被认为是来自野兽。

在这种类型的成年礼当中，割礼是最重要的环节，在印度国王的加冕礼当中，最核心的是洁净礼，在婆罗门教的入会礼当中则是接受圣线。这三个仪式都是面对太阳进行的。

在非洲另外一个部落卢旺达人当中，有一个叫作伊曼达（Imandwa）的秘密会社。①

A. 会社的首领化身成郎公比（L'angombe），一位活着的神。其他人则化身成郎公比的随从，称为伊曼达。“郎公比的信徒有特 151
殊的能力让所有的事物发生变形，包括物和人。”郎公比就是王。

---

① 阿努克斯（Arnoux），《卢旺达人伊曼达秘密会社的祭礼》（*Le Culte de la Société Secrète des Imandwa au Ruanda*），《人》（*Anthropos*），1912 年，第 273、529、840 页；1913 年，第 110、754 页。

候选者从一开始都被告知，他们自己也已经变成了王，变成了一名伊曼达。

B. 受礼者被抛到空中，摔到地上，并且被打。人们事先已经准备好要将受礼者大卸八块，每个在场的人都得到了其中的一块。新入会者被认为已经被肢解了。这是一场虚构的死亡。

C. 入会礼是秘密的，新入会者被严禁告诉任何人，其实郎公比和他的追随者也是普通人。

E. 在被要求表演了几个匪夷所思的技能之后，他们被告知，“你们已经战胜了毒药、挫败了鬼魂，征服了敌人；

F. 但如果你们胆敢触犯这些机密，你们也会被收拾”，他们会被严厉警告不要泄露机密。

G. 他们喝的是香蕉酒，在喝酒的过程中他们会被告知自己已经变成了王。不幸的是，我们不知道喝啤酒的时候是否伴随着仪式。后来还有一个情节也对应着圣餐：新入教者接到一杯用磨碎的草药酿制的酒，同时被警告说，他正在为彻底献身于伊曼达而干杯。

I. 新入教者被剥光了衣服，直到第二天才能穿上。

J. 郎公比将水喷洒到新入会者身上，说道：“我已经洗净了你们，你们也会洗净我。我已经给了你们和平，你们也会给我和平。”

O. 伊曼达之王头上戴着王冠，其他伊曼达带着用一种草药弥斯瓦（*miswa*）编成的王冠。

Q. 郎公比有一柄剑。

R. 他还有一个专门的座位。

152 T. 所有的伊曼达和新入会者要一起转圈走七次。

V. 新入会者得到一个新名字。

X. 所有的秘密会社成员都穿着“奇怪的衣服”。

Y. 郎公比模仿狮子的吼声，并且像狮子一样捕捉孩子们，还咬伤了狗。

Z. 入会礼分成多个档次。

卢旺达仪式之所以引起了巨大的兴趣，是因为它清晰地将王权和入会礼放在了一起。为首的是伊曼达的王，他赢得王国的方式莫名地让人想起西藏。[①] 郎公比和他的挑战者通过下棋来决定谁将成为伊曼达的王。他拥有宝座和宝剑。他的行为方式就像动物群中的狮王。他被他的封臣和小国王紧密环绕。所有这一切使这个仪式看起来都更像一个真正的国王及其酋长的加冕礼。其中最关键的是，已经入会的成员告诉新入会者，他已经变成了一位王。

上文所述即是决定性证据，卢旺达人的仪式无非就是一场加冕礼。但既然我们已经描述过的其他入会仪式都在功能和结构上展示了鲜明的相似性，我们必须将卢旺达仪式研究的结果扩展开来。

也正因为如此，加冕礼和授圣职礼构成的属必须扩大范围以包含入会礼。加冕礼和授圣职礼彼此之间的相似性似乎远高于它们之中任何一个与入会礼之间的相似性。王和祭司之间的亲缘关系太过密切了，它们显然有着共同的起源；而新入会者则看起来与这两者相去甚远，他与王和祭司之间的相似性至少表面看来没有那么明显，但细致入微的研究表明，这种相似性仍旧是存在的。我们可以将加冕礼和授圣职礼放在一起，看作是就职仪式的一个

① 第25页。

亚种；我们该如何构想就职仪式与入会礼之间的关系？其中一个起源于另外一个？果真如此的话，谁起源于谁？

153 如果我们就这个问题进行投票，哪一方将获得压倒性的优势是确定无疑的。人们会更倾向于认为就职礼起源于入会礼，为什么？原因就在于，上文已经说过，我们通过研究不穿衣服的野蛮人，已经对入会礼所知甚详，我们深信那些赤裸的，或者半赤裸的原始人因为不怎么穿衣服，必然具有原始的风俗。然而，我们不能将整个科学都置于不但未经证实、反而已经证伪的假设之上。假如关于原始人的说法是正确的，那么，锡兰的维达人在语言、王权和宗教方面就都是原始人，因为他们过着原始的狩猎生活，没有衣服、除非靠输入就没有金属，还住在洞穴里；但我们知道，事实上，他们的语言是雅利安语系的，他们的亲属制度和整个南印度都是一样的，他们所崇拜的神灵有着完美的梵语名字。如此一来，在他们的工艺和文化之间就不存在什么一致性了，一方面是原始的——如果不是退化而来的话，另一方面则很大程度上来源于这个世界上最重要的文明之一。我们无权假设在澳大利亚、火地岛或者南非的布须曼人（Bushmen）的工艺和文化之间就存在更高的一致性：唯一的解决办法就是通过比较史学研究的常规方法进行证实或者证伪，这种方法在语文学家那里已经被使用很久了。

当一次从事比较研究的语文学家面对几种不同语言中明显来自同一词根的几个词的时候，他不会说："凯尔特人的艺术和工艺都远远落后于罗马人，因此这个词的凯尔特语形式就更加接近母语言的形式"，或者说："入侵印度的雅利安人的文学技巧远

逊于荷马，因此吠陀中出现的词的形式就比荷马史诗中出现的更
加古老”。这不是语文学家的进路。他首先会比较所有语言当中
相互关联的词，然后假设这些词都来自唯一的母语言形式。然后 154
他会逐步建立一些发音变化的法则，以使自己能够进展得更快，
更确定，这些法则也因为能够产生一致性的结果而使自身获得
肯定。

我们必须要遵循语文学家的范例。虽然我们的方法还不够先进，但还是可以建立起描述风俗变化的法则。他（指语言学家）可以充满信心地说，“只要你在希腊语中找到一个 *o* 的地方，一定对应地能够在梵语中找到一个 *a*”。而我们只能说，希腊或者印度成年礼当中的一个神总是对应着美拉尼西亚成年礼当中的一个鬼。因此，我们必须满足于完成摆在我们面前的首要任务，即何种圣化礼的形式能够可靠地说明其所有的衍生体。

我们先来检验是否能够从入会礼当中推导出就职礼。我自己看不出这一假设有可能可靠地解释卢旺达的入会礼。如果王是从入会礼当中产生的，为什么卢旺达的新入会者会被告知他已经变成了一位王？如果入会礼是模仿的国王的加冕礼，则解释起来要简单得多。另外，为什么需要一位国王去引导候选人？这很难根据第一个假设来解释，根据第二个假设却很容易。我们能够理解国王的圣化礼为什么需要一顶王冠：它代表了太阳的光盘；太阳的光盘属于太阳神；太阳神被赋予了光盘；但为什么入会礼上要用到王冠？如果新入会者变成了太阳神，那使用王冠就再自然不过了；但没有材料表明这一点；然而，有材料表明他们确实衍生自某个转变成太阳神的人。基普西基人的新入会

者在日出时面朝太阳接受割礼；这种做法没什么明显的理由，因此只能是一种遗存。印度的国王面朝东方举行洁净礼，显然是因为他要重生为初升的太阳，因此，这是一种活的风俗。基普西基
155 人的遗存就是这一活的风俗的衍生物。这个案例确实说明了全部状况：国王的圣化礼的确可以构成对自身的解释——死亡、斋戒和隔离；战争与胜利；发誓保护律法和历法、仪式及社会生活的秩序；在海水中重生与净化；王冠、鞋子和宝座；绕行；结婚；以及在所有他作为太阳的履行职责的情景中，被黑暗征服和杀戮，被哀悼，但再次奋起与敌人战斗并取得胜利，因此再次重生并维系整个宇宙的秩序；他洗去子宫中带来的不洁；为了获得力量而行涂油礼；他被赋予光盘，离开地面，升至天空，通过绕行路线而占有整个世界；通过他的光芒，他将自己与大地结合在一起，给人们带来子嗣和丰收。所有这些礼仪都在逻辑上遵循以下等式：

王 = 太阳-神；

这个极其重要的对等关系在野蛮人的入会礼当中是不存在的，因此他们的仪式并不是容易理解的。其中一些仪式完全没有意义，还有一些之所以有意义，只是因为其中保留了死亡与再生的观念，所有的仪式环节也都因为这个观念而变得可以理解；其他仪式环节也似乎被合理化了：那些象征太阳神的死亡与肢解的痛苦折磨在很多情况下被解释成对忍耐力的试炼，以证明新入会者不再是一个孩子，而是一个可以毫不抱怨地忍受苦难的男人。

如果假设入会礼是从就职礼衍生而来的，则可以更好地

解释经验事实。卢旺达的入会礼已经表明了这一衍生的过程是
如何发生的：王被他的酋长们围绕着，伊曼达会社将候选者接
纳为酋长。这样，对官员的授职礼就很容易转变成入会礼。只 156
要官员的数量无限增加，就可以将国王的加冕盛典降格成一场众人的节日。我们知道这样的事是存在的。在任何一个时代人们都会发现，曾经被谨慎保有的荣耀被越来越随意地分配，直到这些荣耀再也起不到任何区隔意义。绅士（esquire）和先生（mister）都在走下坡路，而爵士（knighthood）现在也不像从前那样有优越性了。荣耀倾向于弥散，这是人类社会的法则，原因很简单，没有人能够承受外人的觊觎所带来的恒定不变的压力。

我们所倾向的假设与已知的发展过程更加吻合。而认为就职礼衍生自入会礼的人，则要被迫假设存在一个难以接受的发展过程：他们不得不猜想曾经面对所有男人的仪式逐渐被限定为专门为了某一个人和他的宫廷而举行。要接受这样的猜想，我们当然需要案例。而与此同时，埃及的证据则强有力地证明事实是相反的。G. A. 赖斯纳（G. A. Reisner）博士告诉我们，“不论一个人在技术上或者知识上获得了什么，首要之事都是用来服务于王室家族”[①]。比如说卡（*ka*），或者其他类似物，“在所有的情形下，都是诸王的独占物”。但是，“在缓慢的发展过程中，占有卡的特权逐渐向所有人开放”。而且，“贵族们模仿法老的坟墓，并从法老那里获得支持和承认，以至于‘唯有诸王才可奉献祭品’的模式

① 《埃及人的永生观念》（*Egyptian Conception of Immortality*），第 32 页。

变成了各个低等级也可奉献的刻板形式”。我们可以用最后这个例子来做结论：最初只有王死后会变成奥西里斯；后来每个人死后
157 都会变成奥西里斯并“被看作是王”，并且代表法老的王室徽章的护身符被绘制在棺材的内部或者放置于尸体旁边。[①]

因此，埃及的材料断然否定了王室的仪式衍生自平民的可能性。据此，我们无法从埃及的入会礼当中推导出国王的加冕礼。难道在其他地方我们就能够这么做吗？实际上，除非我们放弃所有已经研究过的加冕礼仪式的共同起源的思想，否则我们就不能假设加冕礼是入会礼的衍生物。如果印度和近东的仪式可以追溯到与埃及人相同的源头，它们也就同样不可能来源于入会礼仪式。如果在理论上承认它们是各自起源的，则意味着否定比较历史研究的可能性。

如果入会礼是起源于就职礼，那最早应该是在哪里发生的？这种流行的形式从哪里开始传播到整个世界？这里需要记住的是，我们一开始就提到的趋同机制：同样的进程仍旧在世界范围内发挥作用，当这些趋同进程恰好作用于相似的情景，就会产生相同的结果。现在，神圣王权已经覆盖了广大的区域，其范围比当前已经研究的区域要大得多；另一方面，在所有的地方，风俗都日趋大众化；每一种新的风俗或观念总是起源于领袖，不论是国王、祭司、教授或者商人，然后传播到大众。皇家仪式也一定因此经历了这个过程，其结果显然就是各种入会

① 布雷斯特德，《古代埃及宗教与思想的发展》，第 32、256、280 页；《埃及史》，第 71 页。

礼的变体。在观察各种入会礼的重要变体类型时，我想这就是
最有可能发生的情况，而且相比于当下，对整个结构更大范围、
更加细致入微的研究将引领我们追溯到几个相互独立的原型，
这里所说的相互独立，是指它们不是彼此的衍生物，而不是说 158
它们彼此之间没有关联性，通过国王的加冕礼，它们最终都将
被追溯到共同的起源。

入会礼深深地扎根于大众，也因此比加冕礼更加稳固。在很多国家，入会礼的各种重要的变体都顽强地存在，而神圣王权却被抛弃了。因为，比如希腊人，过于苛刻，不能容忍任何个人的神圣性，再比如很多美拉尼西亚人，既没有智慧也没有凝聚力来维持类似神圣王权这样精确严格的制度。这也就解释了为什么当今世界上入会礼的分布远比神圣王权广泛，即使在国王已经消失甚至从来没有出现的地方，入会礼仍旧十分繁盛。

既然入会礼仪式是就职礼的大众化形式，那它总体上也肯定是一种降格的形式，我们也就几乎无法通过入会礼来探究就职礼的最初形式，倒不如诉诸国王加冕礼和授圣职礼。但这两种礼仪形式也不是一成不变的。自从它们从共同的母体分化出来之后，加冕礼和授圣职礼都经历过显著的变化，这些变化，就像我们已经看到的那样，总是朝着变得更加严肃和庄重的方向。它们似乎很早就抛弃了诸如面具和滑稽表演等怪诞的元素，或者只是将其作为象征元素保留下来，比如动物的人格化表演等。正是在这一点上，入会礼仪式帮了我们的忙，填补了诸多空白：入会礼是为了大众的，很大程度上也是由大众操持的，因此不必变得庄重；

相反，滑稽表演和歇斯底里的爆发在大众仪式中非常盛行，人们更乐意强化这种现象，而不是压抑它。

159 这三个种类或者亚种之间的演进关系，在我们看来最好是表达如下：

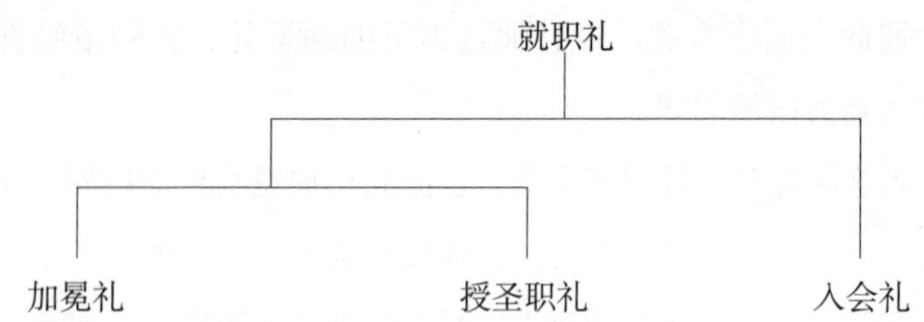

这个谱系也只是一个建议；只要重新检验我们有限的信息就有可能突破现有证据的边界。我们可能在某种程度上已经这样做了。但是，想象就是要走在证据的前面，就像先遣队被派出去侦探地形是一样的。

尽管大部分入会礼仪式都是被降格了的形式，但事实也并非总是如此。在罗马帝国，当小王国被吸收到一个庞大的帝国之中，而神圣的国王身处遥远的罗马时，人们产生了对身边的领主的效忠需求，这种需求极大地刺激了成年礼仪式。哲学家们将成年礼仪式设想得更加崇高，这深刻影响了那些小王国的崇拜团体，也使得成年礼达到了从前的旧宗教无法企及的高度。事实上，这些崇拜团体所取得的最成功的一点是，建立一种不只是某一个人（指罗马神圣国王）值得新入会者在成年礼上扮演的神圣性观念，导致了旧宗教的衰落。然而，这也证明了旧宗教的精神价值——旧宗教将自己的语言和象征符号都置于了压制自身的新宗教之上。

A. 在讨论不死之食的时候，我们也曾经思考过大众的理论。不论为了适应朴实的头脑，大众理论的阐释退回到如何粗糙的表达，其实都没有真正远离印度人的书写传统。

B. 领圣餐者从午夜的斋戒开始准备进入仪式。 160

E. 圣餐赞美诗通常都是关于胜利的凯歌。如果不考虑第一句和最后一句，这首法国圣餐赞美诗简直和佛陀在菩提树下所言没什么两样："粗劣的面包给予我勇气，来吧，你们这些嫉妒我幸福的魔鬼；你们用愤怒拥抱自己吧；我无惧你最恐怖的打击；神将保证我获得胜利。"关于基督的宝血，我们的《古今圣诗集》（Hymns Ancient and Modern）的第 107 首说道：

时常如细雨般洒落
在我们罪恶的心灵
撒旦陷入混乱
可怕的攻击被粉碎，没留下一丝踪影。

F. 大声朗读十诫，人们表示愿意遵从。十诫与印度皇帝的五戒有四条是重复的。

G. 具备上述两种元素的圣餐是仪式的最基本组成部分。

J. 在举行弥撒之前要洒圣水，这原本不是弥撒的组成部分，而是属于预备阶段的。因此，我们需要比已经掌握的材料更直接的证据来证明，这个洒圣水的环节对等于国王仪式中的净化礼；但很有可能并不是。然而，具有圣化意义的净化礼已经在赞美诗作者的语言中留下了痕迹，来看赞美诗第 312 首：

> 善的根基，就在于基督、主和神，
> 净化我们的不洁吧，用你最纯净的血。

K. 赞美诗第 321 首的作者也将涂油礼的隐喻用于了圣餐：

> 我们向你祈祷，天父，
> 请你用爱倾听，
> 请将圣油洒下，
> 到你孩子的身上。

而真正的涂油礼其实只在葬礼中才会施行。

161 L. 基督被看作是为拯救世界而献出的牺牲，弥撒仪式每天象征性扮演的，就是这一牺牲。

T. 弥撒之后，通常都伴随着队列在城镇中穿行。

V. 共餐被看作是基督和灵魂之间的神秘婚姻。一首法国的赞美诗表达了这个观念：

> Fonds toi，mon âme，et d’amour et d’extase，
> Ton Bien-Aimé s’abaisse jusqu’à toi!
> 融化吧，灵魂，融化在爱与狂喜之中，
> 你所挚爱的降临于你！

这种观念也体现在领圣餐的着装上，第一次领圣餐者穿的是新娘的衣服。

Y. 早期基督教遵循了周围那些使用动物象征的教派的先例，从希腊文缩写 IXθUΣ，耶稣基督，神的儿子，救世主（近东古老的王室头衔）中，他们衍生出鱼的象征。唯一幸存到现在的动物象征是羔羊，这也是现代基督徒唯一保留的与对神的崇敬感相一致的动物象征。

另外：古代印度人确定无疑地相信太阳的重生。《百道梵书》说，夜晚的太阳是一个胚胎，初升时则是太阳–娃娃（ii. 3. 1. 5 及以下诸页）。

第十三章
神圣的标记

162 当神还经常伪装成人的模样在大地上行走的时候，你没有任何依据确定你遇到的陌生人不是神灵，因此，了解能够区分众神和凡人的特定标记就非常有用了。达摩衍蒂（Damayanti），北印度维达跋国（Vidarbha）国王的女儿，曾经发现自己陷入了这样的困境，必须要掌握这样的知识才行。她父亲广发王谕，邀请远近所有想娶他女儿的王子们都聚集在他的宫廷，来到达摩衍蒂面前，她将从中选择自己的丈夫。然而，达摩衍蒂有自己的主意，她已经见过了尼娑陀国（Nishadha）国王之子纳拉（Nala），并且两心相许。纳拉也是求婚者之一，但不幸的是，守护世界四个角落的四位神灵也听说了达摩衍蒂的美丽和纳拉对她的爱慕，他们伪装成纳拉的样子，也加入了求婚者的行列。当达摩衍蒂看到五个一模一样的纳拉时，感到无比的窘迫。幸运的是，她还记得用来区分神与人的传统记号，于是，她向这四位神灵祈祷，请求他们展示自己的神圣性。他们怜悯了她，并显露了真身——“他们不出汗，不眨眼，带着光鲜的王冠和一尘不染的花环，而且飘浮在空中。”[①]

---

① 《纳拉的故事》（*Nala episode*），v. 22 及以下诸页。

悬浮在空中的能力是神的标志之一。既然人能够变成神，我 163
们也就不必惊奇印度的圣人在修炼到高等级的时候也会具备这种能力。实际上，这已经变成了圣人群体典型的奇迹能力，僧伽罗语的一个词 *iddhi*，就像我们了解的，原本泛指超自然的能力，现在已经变成专门指漂浮能力，而阿罗汉（*arahat*）这个词，原本的意思就是圣人，他们依此新造了一个动词，用来表示“从一个地方瞬间转移到另外一个地方”。

我们一般从太阳出发衍生奇迹力量，是否上述印度人特有的表达方式也有着同样的起源？太阳是悬浮在空中的，因此，一个太阳-人也应该具有悬浮在空中的能力。当然，太阳悬浮在苍穹，而人悬浮在半空，两者的类比也出现在印度世界的某些人的脑海里；西藏人相信，如果一个人被推下悬崖的时候激发了观世音菩萨的力量，他就会“像太阳一样悬浮在空中”。[①] 但这种类比究竟是漂浮信念的原因还是结果？

《百道梵书》给出了确定无疑的回答。[②] 它描述道，在接受了圣化之后，国王剪掉了自己的头发。从这时起，对他来说“必须要遵守一条宗教规定，在有生之年，他再不能立足于大地。他从宝座上滑下来穿上鞋子。他穿着鞋子站起来……因为他高于整个世界，这个世界在他之下，自从他接受了圣化仪式”。他之所以高于世界，是因为他就是因陀罗，因此“他的光芒无远弗届”，也就是太阳。在佛教中，索纳尊者（Sona）的故事也反映了这一观念。

① J. 哈金（J. Hackin），《巴黎居美东方博物馆佛教藏品指南目录》（*Guide-Catalogue des Collections Bouddhiques au Musée Guimet*），第 42 页。

② v. 5. 3. 6 及下页。

从童年时期开始，索纳尊者就从不将脚踏在地上，他的脚底有一
164 圈红色的毛发，只有一次他威胁要将脚放在地上，以迫使他的仆人们讲道理，后者吓坏了，担心因此导致功德损耗。[1]轮，我们已经提到过，作为太阳的象征在佛教徒当中极为流行。我们因此有把握说，以太阳来解释这种风俗不是《百道梵书》的发明，而是在印度广为接受的观念，甚至在大众之中也是如此。

国王不能接触大地的规则分布广泛：弗雷泽在《金枝》中引用的相关案例覆盖了墨西哥的萨巴特克人（Zapotec）、日本人、暹罗人、波斯人和乌干达人等。[2]艾利斯关于塔希提岛国王的记载值得全文引述[3]：“不论桑威奇群岛的君主们是否被认为是诸神的直系后裔，他们个人的神圣性都被认为几乎不逊于人格化的神灵……君主及其配偶在公开露面的时候总是坐在男人们的肩膀上，而且只要是在陆地上旅行，他们都会保持这个姿势……在更换坐骑的时候，他们的脚也不会接触大地。”“在就职典礼上——对应于其他国家的加冕礼——有一个环节是给国王戴上 *maro ura*，即红色叶子编织成的神圣花环，这不仅意味着将国王抬升到人世间最高的地位，而且意味着将他等同于神。”这种观念“渗透到了所有与国王机构有关的事项当中。他的房子被称为天上的云朵；彩虹被命名为国王用来航行的独木舟；他的声音被称作雷声，他住所火把的光被称作闪电。当人们傍晚时分路过国王的家，看到他家里的火把的时候，人们不会说宫殿里燃着火把，而是说看到闪

---

① R. S. 哈迪，《佛教手册》，第 246 页。

② 第二版，i. 234，236；iii. 202。

③ 《波利尼西亚研究》，iii. 101 及下页；108、113 及下页。

电在天空的云朵里忽隐忽现。当国王从一个区域去另外一个区域 165
的时候，人们总是用 *mahuta* 这个词来描述，其意思是飞翔，因此，人们描述国王的旅程时说，他从岛上的一个区域飞往了另一个区域”。在塔希提，国王飞行而不是走路，逻辑上他就变成了天空中的太阳。

不眨眼的特征和飞行的能力一样，也是魔鬼所具有的。[①]我们显然要沿着相同的路径寻找解释。眼睛是一个人的缩影，就像太阳是世界的缩影一样。[②]因此，太阳被说成是白天的眼睛，或者天空之眼，从斐济到希腊都是如此。[③]太阳，月亮和星星都不眨眼，因此，太阳-王也不能眨眼。

有一天，我在科伦坡（Colombo）以北 14 英里的一个名叫伽马杜皮提亚（Gammaḍupiṭiya）的神庙参加一个纪念四位神灵的年度仪式。这个节日的特点之一是，不时有人被神灵或者魔鬼附体（看起来当地人似乎不区分神灵和魔鬼），有些可能是假装的，有些则是真的被附体了。被附体的人都半闭着眼睛，翻着白眼，亨利·海德（Henry Head）博士告诉我，在严重的癔病发作时，这种现象很常见。在其中一段安静的时间里，我注意到一个被认为是魔鬼附体的男人。他被一个朋友搀扶着，面对寺庙而立，看起来很虚弱，还在不停颤抖，一阵阵地抽搐。一位陪同我前来的当地要人提醒我注意，这个男人不眨眼。我贴近了观察，发现确实

① 《本生经》，No. 546，vi. 336 结尾。

② 见第 198 页。

③ 斐济语，眼睛即太阳（*mata ni siṅa*）；阿里斯托芬（Aristophanes），《云》（Nubae）286，眼睛如太阳般明亮（*ὄμμα αἰθέρος*）。

如此。不眨眼看起来不是一个神话，而是事实。人们可能认为，既然观察到了一个处于附体状态的人不眨眼睛，这就已经解决了
166 问题，不需要什么太阳理论。不眨眼的现象被归因于神灵和魔鬼，是它们造成的，也因此是它们的特征。看起来这并不是一个人被转变成了太阳，而是一个精灵被转变成了人的模样。

然而，事情并没有那么简单。我们必须得确认，暂时中止眨眼睛的反应是癔症的不可避免的直接结果，而没有受到当地信仰的任何影响。心怀信仰的被附体者的很多行为并非癔症的症状，而是被日常生活的宗教规则所激发的，比如从祭坛上抓起一锅圣水洒向集会的信众；每个祭司或者说神的媒介，根据当地人的期待，都要在他自己负责的那尊神而不是其他神的寺庙里结束自己狂热的职业生涯。所以，我们不得不考虑，那位不眨眼的朋友是否在寻求和期待中的魔鬼的行为一致。我把这个想法跟海德博士说了，他充满友善地回答说："确实，在一些早发性痴呆和其他一些已知为紧张性接触症的案例当中，患者的眨眼频率会降低。这和病人身体运动频率的减缓是相一致的。除此之外，我不知道任何其他的影响到眨眼的案例。应该强烈怀疑你提到的这个被附体的人，可能是在模仿那些归因于魔鬼的行为。"我们可以得出确定的结论，信仰并非来自不眨眼的现象，而是不眨眼的现象来自信仰。这样我们就回到了最初的理论，在缺乏积极的正面证据的情况下，这看起来是对事实最好的解释。

在我发现那个不眨眼的人的时候，我没有去观察他的皮肤状态以确定他是否也可能是不出汗的。因此，我对这个问题没什么可说的。

剩下的一个问题是“一尘不染的光鲜花环”。要解释这个问 167
题，看起来似乎没什么希望了，但也不会比我们前面解释的两个问题更没希望，只要等待相关的线索出现吧。[①]

附言：写完上文的部分之后，我研究了《梨俱吠陀》第 7 卷第 61 节，这是一首关于两个组合在一起的神密多罗与伐楼拿的赞美诗：

1.“噢密多罗–伐楼拿，太阳是你们美丽的眼睛，已然升起，放射出绚丽的光彩。他注视着所有生灵，监察着他们在凡世间的动态。”

2.“噢密多罗–伐楼拿，从辽阔的大地，从高耸的天空，噢慷慨的双神，你们在田野、在寓所，遍布暗探，不眨眼地督察着每一处。”

吠陀神学家将太阳看作是密多罗–伐楼拿从不眨动的眼睛。A. A. 麦克唐纳教授说，“密多罗与伐楼拿的一个特征就是眼睛眨也不眨地凝视着人类”。证明完毕。

关于“一尘不染”，可以参见《梨俱吠陀》第 1 卷第 35 节的第二部分：“噢萨维特里，你那古老无尘的路，已在空界完美建筑。”[*] 萨维特里是太阳神的一种形式。

---

① 保塞尼亚斯（Pausanias），ix. 19. 5，转引自 J. E. 哈里森女士（J. E. Harrison），《忒弥斯》（*Themis*），第 371 页：在米卡莱索思（Mycalessos）“一个奇迹被展示出来。在画像的脚下，人们在秋天放置大地出产的各种果实，而这些果实终年不腐，始终光洁如初。”

* 这三首《梨俱吠陀》的赞美诗的翻译引用自林太：《〈梨俱吠陀〉精读》，上海：复旦大学出版社，2008 年，第 143、144、120 页。

第十四章
古　冢

168　居住在科罗海（Koro Sea）的斐济人建筑椭圆形的房子用来居住，但他们的寺庙则通常是正方形的。这些庙是由木头柱子、横梁和芦苇构成的。它们最鲜明的特征是非常高耸而倾斜的屋顶，其高度是墙的高度的好几倍。这种屋顶的顶端并没有缩成一个点，可能是这样做技术上有难度，所以还是保留了一个非常短的屋脊。这个屋脊的两端都向外伸出一部分，这个伸出的部分确实没什么意义，但当地人在描述房屋时都会强调这个部分，很明显，它们认为屋脊两端伸出一段是必须的。面对这种情况，我们可能确信这是某种残存的样式。我们可以在大英博物馆、剑桥考古博物馆和苏格兰皇家博物馆看到这种寺庙建筑的模型。屋顶的材质是椰子壳纤维编织而成的绳子。一位生活在斐济异教徒地区的传教士说："斐济人用大量的扁编绳来装饰它们的寺庙；每一根木料都用各种形式的黑色或者红色的绳子缠绕着包起来。用同样方式包裹起来的芦苇束被用于门的衬层和窗户上的开口，以及填充椽子及其他木材之间的空隙。扁编绳在寺院里到处可见，还做成长绳子从屋檐上垂下来。”[①] 在寺院里面，神灵降临给予神谕。这种房子毫无例外地建筑在一个高高的基座上，基座由泥土构成，表面上是 169
一层石头。这个人工堆起来的小丘通常是方形或者椭圆形，有时也有圆形的，如果我们相信威廉姆斯画的图，以及一张也是他画的关于纳乌图乌图（Nautuutu）土丘的不确定的轮廓图的话，直到今天这些土丘的形状也还是如此。这些基座在部落生活中扮演了极为重要的角色。它被称作“国家之丘”，那些移民部落（实际上所有的部落都曾经移民）提起他们的故园时会说：“我们的基座在某个某个地方。”酋长和高等级的人都通常埋葬在寺院的基座里面。

在北印度，有两种丧葬的流派：其中之一是婆罗门派，他们自认为是正统，建造方形的土丘以埋葬在献祭修为上达到一定等级的人。而异教的流派建造圆形的土丘用于丧葬。[②] 异教徒当中提到了东方人，而这些东方人显然是指北印度东部地区的定居者，这个区域就是佛教兴起的地方。我们知道，这个区域的人以半球形的土丘埋葬他们的转轮王或皇帝。不只是皇帝，包括有王室血统的王子也是以同样方式埋葬的。我们甚至听说，土地所有者为了表达对死去的父亲的强烈的爱，在自家花园里修建这样的土丘以埋葬父亲的尸体。[③]

这些土丘被称作窣堵波（*stūpa* 或者 *thūpa*），现代白话文写

---

① Th. 威廉姆斯（Th. Williams），《斐济与斐济人》（*Fiji and the Fijians*），第 221 页。

② 关于坟冢，参见《百道梵书》，xiii. 8. 1 及下页；vii. 1. 1. 13；vii. 7. 4。

③ 比尔译，《大唐西域记》，ii. 20。《本生经》，No. 352，福斯保尔，iii. 155。

作 *tope*，下文我们也会使用这个词。它们也被称作 *caitya*（支提），衍生自 *cit*，指火葬的柴堆，死者的尸体需要在火化之后才被小心地放入中央墓室当中去。

在关于祭司的那一章里面，我们已经看到了圣人或者佛陀的生涯只是一位皇帝的精神化的复制品，以及圣人和皇帝一样，在
170 火化之后将骨灰埋葬进窣堵波。乔达摩圣人，也就是我们熟知的佛陀也遵守了这一规则，他的骨灰被分葬在数量庞大的窣堵波当中，并被分散到了极为广大的地理范围，成为了各地佛陀宗教信奉者的朝圣中心。窣堵波已经成为了首要的佛教圣殿。在锡兰，直到被吞并之前，至少转轮王或者皇帝一直是用窣堵波埋葬的，但僧伽罗人说起窣堵波，总是指为佛陀建立的圣殿。

通过与佛教的结合，窣堵波变得更加辉煌，也更加声名显赫。国王在自己对新宗教的热情的驱使下，奋力争取通过增大窣堵波的尺寸和用料的奢华来超越前代国王而获得更多的功德。在印度，有些窣堵波是用石头建成的，装饰以精美的雕刻。僧伽罗人的第一座窣堵波是用泥土建造的，表面贴了一层砖；尺寸小一点的则一直是用碎石砌成的，外面有一个用砖建成的套子，直到最近仍旧如此；但是，更加野心勃勃的国王们则建造了通体都是砖的窣堵波，其尺寸简直可以和金字塔媲美。

尺寸和材质的变化一定会影响到样式设计。另一方面，有些部分和设计特征如果单纯用土木材质建造一定会消失；因此那些保守的印度天才坚持用石头实现木材的工艺，复原前阿育王时代建造的窣堵波，并不需要太强的想象力。

窣堵波通常建立在一个平台上，有的平台是圆形的，但更多

窣堵波的样式

来自伯吉斯《阿玛拉瓦蒂和杰盖耶贝达》(*Amaravati and Jaggayapeta*)

纳乌图乌图的寺庙

来自托马斯·威廉姆斯《斐济与斐济人》

是方形的。窣堵波本身下部是一个护坡道或者基座，上面是砖构的半球形主体。这个穹顶是整个结构中最值得关注的部分。在锡兰，为了标志出这个穹顶的中心，会在上面正上方中心处安置一个方形的石柱。在石柱的顶端是一个方形的笠状饰顶叫作替（tee）。替的上方中央立着一个环形的鼓状物。

171 这个鼓在锡兰叫作神灵的“围栏”或者“堡垒”，周围饰以被壁柱分隔开来的各个神的雕像。这个石鼓的上方是一个尖顶，逐渐收缩成一个点，在锡兰，尖顶的上方会冠以一顶铜质的伞。窣堵波通体涂满白灰，并悬挂有花环。我们听说一位国王的窣堵波“覆盖有一张缀满宝石的网，每个网眼上都有一朵璀璨的金花”[①]。在窣堵波的脚下或者入口处的雕刻中，经常会雕有五个头或者七个头的眼镜蛇，这种眼镜蛇也会被用于其他的神圣建筑和人工湖泊，我不知道该如何评价其重要性。朝圣者顺时针绕着窣堵波行走，也就是说，窣堵波一直在朝圣者的右方。他们行进的路线沿着更早时候被围栏圈出来的封闭路线，围栏是模仿木制围栏用石头砌成的。围栏在东南西北四个方向上各自留有出入口。

替是特别值得研究的。其侧面总是雕刻或者浇筑上代表围栏的图样，形式正如绕行窣堵波的路径的围栏一样。很显然最初这些围栏都是木制的，但这一木围栏中间的空地原来不可能是被填满了的。事实上，确实在一些佛教徒的浅浮雕上能够看到，围栏中间是没有填满的，围栏中间的空地上竖着一根长杆，杆子上面有一柄伞。因此，替和尖顶代表了最初的木围栏围绕着一柄伞。

① 《大统史》，xxvii. 3；xxxiii. 10。

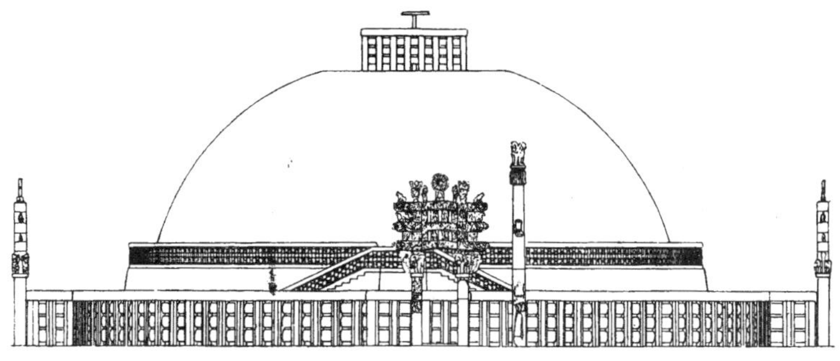

桑奇（Sānchi）大窣堵波的立面图（复原图）

来自马绍尔爵士《桑奇指南》（*Guide to Sanchi*）

有时候，围栏被由木材支撑的屋顶所覆盖，支撑屋顶的立柱也位于围栏内部。最后，我们有一个案例表明石制的替代表一个方形的房子。我们只需要将窣堵波的替与第 203 页出现的巴雅石窟（Bhājā）正面的相同雕塑纹样进行比较，就能够了解替究竟代表什么：这是一座房子，有带阳台的窗户，阳台外面有围栏；窗户
的上方是用木材支撑的束带层，束带层支撑着上一层带有窗户的 172
楼层。我们可以确认，旧式的木制围栏有时有屋顶覆盖，有时甚至有墙，其代表的就是一个封闭的神殿。① 石鼓和尖顶是由伞发展而成的。顺理成章的是，如果附壁柱神灵雕像所处的位置是在石鼓和尖顶的脚下，那么最初这些神灵雕像原本也应该处于围栏内部，所以才会有“诸神的围栏”这样的说法。当围栏雕刻在石头四周，中间就没有了空间，神像的位置就被抬高了，这样“围栏”

① 伯吉斯，《阿玛拉瓦蒂和杰盖耶贝达的佛教窣堵波》（*Amaravati and Jaggayapeta Buddhist stupas* ），图版第 xxxiv 页，图片 1；第 xxxvi 页，图片 1；第 xl 页，图片 2；《佛教的石窟寺院》（*Buddhist Cave Temples*），第 7 页和图版第 xv 页，图片 1。

的说法就显得不大适当了，但在锡兰，没有什么词用来表示附壁柱构成的圈围，也就只好继续用围栏了。

我们由此找到了一个和斐济的寺院并没有什么不同的结构：方形或者圆形的土丘作为基座，上建一座神灵居住的方形木制神殿，或者一个方形的围栏，中间竖立着一根长杆。既然下部的两个主要部分都是相吻合的，我们为什么不考虑第三个部分也是彼此对应的？也许斐济寺院高耸倾斜的屋顶和两端延伸出一部分的屋脊横梁就代表了早期窣堵波的长杆和伞？如果在印度这些部分发展成了砖制的高峨圆锥体，为什么不能在斐济发展成锐利的木制棱锥体和椰壳绳子？如果确实如此，那他们各自的发展过程也肯定是不一样的：在印度，体积的增长受制于砖或石头材质的特性，高耸细长的圆锥体则受制于伞状结构的数量；而在斐济，不知道是什么原因造成屋顶超过了中心柱一直向上延伸到达顶端。

有一种反对意见会对这种鉴别提出挑战；印度的窣堵波收纳尸体火化后的骨灰，而斐济人的基座用来埋葬尸体。但是丧葬方
173 式的差异并不是至关重要的问题，我们知道在印度的吠陀时代和最初时代的苏美尔人当中，火化和土葬就是比邻存在的。[①]

古代希腊人相信德尔菲是世界的中心，他们称它为肚脐或者*omphalos*（圆锥形石）。肚脐最初用来指任何隆起之物。从散落在文学作品、硬币、花瓶和石雕中的碎片化的资料入手，我们收集

① 麦克唐纳和凯斯，《吠陀人名与事项索引》（*Vedic Index of Names and Subjects*），词条“火葬”（*agnidagdha*）；迈斯纳：《巴比伦与亚述》，i，第 425 页；《伦理与宗教词典》（*Dict. of Ethics and Religion*），词条“死亡”（death）。

到以下关于德尔菲的肚脐的信息。[①]它指的是巨蟒皮同（Python）的坟墓。更常见的用法是指半个鸡蛋形的或者圆锥形的石头，上面带有花环或覆盖着网。人们认为阿波罗经常坐在这样的石头上。阿波罗神庙就坐落在大地之脐上，肚脐石就在神庙里面。这石头就立在坟墓之上，哈里森女士指出，其中一个坟墓至少在轮廓上与佛教的窣堵波一模一样，也是小丘上的基座上树立着一个圆锥形的石头。希腊的小丘和佛教的一样，也是通体涂成白色，上面绘有蛇的纹样。两者之间的相似性或许不像乍看起来那么密切；希腊花瓶上绘制的树立的石头如果和窣堵波的中心石有相似之处，那就在于后者也是隐藏的，而不在于可见的尖顶。然而，在替被填满之前，中心石也是可见的。这样，希腊坟墓和肚脐石就构成了一个和窣堵波极为相似的结构：白色的土丘、替、作为神灵寓所的中心石、网和花环，在德尔菲还有一所房子罩着中心石。出 174
于上文提到的原因，我不会断言蛇的意义。

印度考古学的先驱弗格森（Ferguson），早在1873年的时候就认为，印度的窣堵波和英国的圆形古冢是完全相同和一致的。然而，考古学家总是拒绝接受他发现的案例，反而觉得结构上的相似性提供的细节仍旧不足以排除独立起源的可能性。一个半球形的土丘中间有一个墓室这种简单的建筑物可能会被任何人发明出来。为了满足考古学家的要求，我们必须要证明

① 卢博克斯（Lübkers），《希腊古典时代百科全书》（*Reallexikon des Klassischen Althertums*）词条“肚脐”（*omphalos*）；欧里庇德斯（Euripides），《伊翁》（*Ion*），222；弗朗茨·斯图德尼卡（Franz Studnicka），《赫耳墨斯》（Hermes），xxxvii（1902），第260页；哈里森女士，《忒弥斯》，396及以下诸页；J. W. 佩里（J. W. Perry）先生让我注意到了肚脐的问题。

西欧的圆形古冢是一个更加复杂的系统，而且其附属物都和窣堵波相一致。这并不容易，因为如果圆形古冢确实带有附属物，也一定是用容易消失的材质制造的。只有在印度，由于偶然的原因，这些附属物的材质被替换成了砖或者石头，才将其样式保留了下来。我们主要的期望就是欧洲古冢的建造者也能偶尔像印度人那样做。C. D. 福德先生（C. D. Forde）曾经慷慨地向我展示了一个圆形古冢的几份图样，这些都是勒·鲁齐克（Le Rouzic）先生在布列塔尼的科尔喀多（Kercado）发掘的。这个古冢不是泥土制成的，而是由松散的石头构成的；周围还保留着围墙的痕迹。一块石头树立在上方的中央；地上散落的石板表明原本有一圈石头围墙环绕着古冢，就像木制或者石头的围栏围绕着窣堵波。土丘上的穹顶里面看起来没有留下任何房屋或者墓室，古冢周围也没有碎石铺就的小路的迹象。而 H. J. E. 皮克（H. J. E. Peake）先生认为，圆形古冢的穹顶之上的基督教小教堂并非罕见，很可就就是它取代了更加古老的神殿。E. 图尔敏·尼可（E. Toulmin Nicolle）先生慷慨地给我看了泽西岛的拉乌格（La Hougue Bie）遗址上的古冢和小教堂的例子。哈里斯女士给我看了朗格勒（Langres）的例子，那里的小教堂建立在
175 早期的石制遗址上，但这个石制遗址的年代尚不确定。因此，我们有充足的理由确信圆形古冢并不只是一个土丘那么简单，而一定是依据一个观念系统建造的体系。

另外一个处理这一问题的方法是，收集全世界所有带有中心柱或者方形神殿，或者兼而有之的圆形古冢的案例，进行比较研究。塞利格曼博士让我注意到一个土丘上建有石头小教堂的

例子，这个例子出自前往中国的谢阁兰-沃辛斯-拉蒂格考察团（Segalen-de-Voisins-Lartigue Mission to China）的报告。[①]不幸的是，图片中只出现了墙壁上的横木，而我们仍旧需要更多的详细资料，而且那些圆形古冢上的附属物才是重要的案例，而不是我们的圆形古冢的衍生形态或者其他的单体形式。否则，我们终究不能确定神殿是否是后来添加上去的，或者完全属于另外一条脉络，从来都不是圆形古冢的一部分。但如果这些附属物来自独立的传统，那它很明显也是圆形古冢和窣堵波的共同源头的外观特征之一，而且可能是可选的。

而考古学家却倾向于否定我们进行比较研究的权利。他们争辩说："只要欧洲古冢上的神殿还没有被欧洲的案例所证实，那欧洲的古冢就仍旧只能被看作是一个圆形的土丘，可能还围着一圈石头。对于一群生活在开阔平原上的人来说，修建土丘埋葬死者难道不是再自然不过的事吗？即便对处于更低发展程度的人来说，这也是自然而然的事。"但是这种关于圆形古冢的理论违反了十七世纪哲学家所坚持的充分理由法则：一个理论必须充分解释所有它声称要解释的问题。现在，要将一具死尸处理掉的需求可以解
释人们用泥土覆盖尸体或者挖个洞把尸体埋起来等行为（尽管最 176
常见的做法是把尸体送到远离居住地的地方，任其腐烂）。然而，这一简单的需求不能解释人们为什么不辞辛劳地堆起一个土丘建造圆形古冢去掩埋已经火化过的尸体留下的骨灰，毕竟这骨灰已经没有被冒犯的风险了。而且人们还要细心地将这个土丘的轮廓

① 卷一，图版第 ii 页，图片 vii。

修正成圆形，或者可能是半球形。一定还有其他的观念能够用来说明古冢的形状。

通常，《百道梵书》对于寻找这一类问题的解释总是有用的。这本书告诉我们，“他为建立了火祭坛的人按照火祭坛建造了一个坟墓”。换句话说，如果一个人在有生之年已经完成了所有与建立火祭坛相关的仪式，那么他的坟墓就可以建得跟火祭坛一样；坟墓的每个部分都和祭坛上相应的部分一样，而且含义也相同。这样，“他用石头把丧葬用的土丘围起来：这里用的石头就是那里围绕着祭坛的石头”。如果参考第七书中关于祭坛的描述，我们就会读到：“他用石头围绕家户祭坛的原因就在于，家户祭坛就是整个世界，围绕着祭坛的石头就是水；他用水环绕着世界，也就是用海洋环绕着它。在每一个方向上，海水在世界的每一个方向上顺时针流动；海水绕着世界顺时针流动。”这样看来，祭坛和古冢代表的是被海洋环抱的世界。《百道梵书》第八书中给出了对祭坛各个部分的完整分析，把该书作者已经意识到的对这个问题的分析应用于坟墓分析。我们发现，第一层是大地，第二层是空中，第三层是天上，再往上就是神灵们居住的天宫世界；顶部的那些砖块就代表这些神灵，并被称为“天上的居民”。事实上，《百道梵书》描述的是一个方形的土
177 丘，但我们也可以看到，它不过是把圆形的土丘看作是离经叛道者所偏爱的一种变体而已，有一段话值得在这里引用：“丧葬土丘是方形的。众神和魔鬼，都是生主的后裔，都在竞争罗盘上的点。诸神驱逐了魔鬼、他们的竞争对手和敌人，将他们赶出了罗盘的四个方向。魔鬼们被从角落里驱逐出来，落败了。因此，

诸神的追随者建造方形的坟墓，而魔鬼的追随者、东部人和其他人，都建造圆形的坟墓。”东部学派因此依据宇宙可见的形状来修建坟墓，我们可能会觉得真的存在一种原初的修建坟墓的方式，但在印度的西部人当中，四个方向有着重要的仪式价值，所以这个学派就放弃了对土丘形式一致性的要求，而只追求按照他们理解的世界的模样，也就是要确保坟墓的形状和他们所构想的世界的样子相一致。

一位与众不同的考古学家反对将上述现象看作只是印度仪式专家的阐释；众所周知，所有的印度人都热衷于阐释。但我很怀疑印度人乐于提供原创阐释的倾向是否被夸大了。世界上很少有哪个种族像印度人这样愿意以放弃想象力为前提而追求记忆，可能没有一个种族曾经忍受那么多痛苦，就为了精确保留先辈们传下来的口头传统的每一个词，也很难找到任何地方的风俗能让艺术或者文学变得如此刻板。我们知道事实上不同的学派都保留了不同的阐释方式，但这些阐释都在传统设定的极为狭窄的范围内才有一点变动的空间，这种变动并不会影响一般的规律：他们从来都不是希腊人那样具有大胆的怀疑精神和丰富想象力的革命者。就算是最具原创精神的思想者能够沿着明确的路径提供阐释，他们也最终都屈服于时代，相比之下令人痛苦 178
的思想正统的印度人太多了。就像我们认为自然是由原子构成的，印度人将他们的习俗和信仰都类比于自然，他们这么做是基于古老时代建立起来的习惯，甚至比印度文明本身还要古老。就目前的案例来说，《百道梵书》在阐释的细节上可能是错的，但它在将坟墓看作是自然的某种复制品时，无疑是忠于古老传统的，如果它在细节上是对的，那也只是碰巧而已。即便如此，在彻底否定《百道梵书》之前，我们还是再次考虑其阐释正确的可能性。在斥责其毫无价值之前，至少要给它一个公正的检验机会。如果不能耐心倾听古人留下的每一种阐释，那还有什么希望来解答我们的问题——为什么圆形古冢是圆形的？当然，我们也不能未经批判就接受这些解释，还是要基于所有可能的证据对其进行检验。我们又该如何检验《百道梵书》提出的理论呢？

首先需要考虑的是一致性问题。我们已经知道印度的坟墓埋葬的是国王、圣人和那些通过完成一系列献祭仪式而用魔法征服了三界的圣人；我们也陪着大善见王以道德征服了“海洋环抱的大地”；我们也看到了吠陀时代的国王用三步征服了三个世界，并让太阳重新从海平面升起，穿过天空，到达天界和诸神居住的天外世界。也许在他死后确实没有必要建造一个代表三个世界、并由众神之家环绕的坟墓，但所有这些无疑都是首尾一贯的。

其次，一些与梵书无关的习俗也提供了证据。人们顺时针绕
179 行印度的窣堵波。没有人会坚持认为这一习俗来源于梵书：它显然要古老得多，而且在世界上相当大的区域里都有分布。现在，绕行的意义已经十分明显：崇拜者就是在模仿太阳和星辰的轨迹。在这方面，婆罗门教的仪轨当中都保留了一个非常古老的信仰：当献祭者按照顺时针方向绕行时，他说，“我环绕而行，沿着太阳的轨道”[①]。柬埔寨人心里很清楚，当他们围绕着国王从左到右手递

① 《百道梵书》，i. 9. 3. 17。

手传递七支蜡烛的时候，他们代表的是围绕着矗立在世界中央的须弥山的七大行星的运动。[①] 如果崇拜者代表了太阳和星辰，那么土丘一定代表了星辰环绕的世界。

僧伽罗人曾经在替的每一个侧面都放置太阳盘。如今，可能是遵循某个没有古代例证存留下来的平行传统，他们在替的东侧放置太阳，西侧放置月亮，代表天的双眼，这和印度人认为太阳的位置高于天空是相互一致的。

另外，僧伽罗人还通常在他们的窣堵波中放置一块方形的石头代表须弥山。如果他们用窣堵波中央的石头代表世界的中心，那他们一定认为窣堵波本身代表着整个世界。这种风俗也许可以解释希腊人为什么相信德尔菲的肚脐石就是世界的中央。这当然不是真的，瓦罗（Varro）早就指出了这一点。那希腊人为什么要相信？我们能够理解他们这一信仰是如何持续的，因为人们一旦接受一种信念，就会一直相信下去；困难在于解释最开始的时候他们是如何接受一种信仰或者信念的。现在，如果人们相信皮同的坟墓代表了整个宇宙，那么，位于坟墓中央的肚脐石就代表了世界的中央。 180

第三，比较的方法。我们应该满世界去寻找各种阐释或者阐释的碎片，只要其与《百道梵书》相互一致但又不是从《百道梵书》中衍生而来的。至少在一个点上，斐济人、僧伽罗人和希腊人是相互一致的：他们都将神的住所安置在土丘的顶上。

最后，对所有理论的最终检验都在于它能否解释全部的事实。

---

① A. 莱克勒，《柬埔寨》（*Cambodge*），第 45 页。

关于须弥山的近期画作

这幅图表明在现代僧伽罗人看来，须弥山就像是一个有着多层基座的窣堵波

《百道梵书》的理论解释了形状、象征须弥山的石头的出现、替上面的太阳盘、诸神居所的位置，等等。如果谁能提出一个能够同样解释所有这些事实的甚至更好的理论，那我们欢迎之至。在这个领域里唯一的竞争性理论可以被称作功利主义理论，这个理论认为，古冢来自于人们保护身体的渴望。古冢的诸特征如何从保护身体这一目的中衍生出来却仍旧是神秘难解的。功利主义似乎没有考虑到，至少所有的结果都应该能够从原因中推导出来，这对一个理论是必须的。唯有考虑到这一点，考古学才能够被看作是一门科学。

另外，那些认为《百道梵书》的古冢理论都是婆罗门的愚蠢发明的考古学家依据的是波菲利（Porphyry）的书的 5. 6 节 * ［转引自 A. 罗西先生（A. Loisy）的《神秘的异教徒》（*Mystères Paiens*），第 168 页注释］："根据友布罗（Eubulus）的说法，为了向密特拉神、创造者和万有之父表示敬意，琐罗亚斯德（Zoroaster）最初是在波斯附近的小山上接受圣化的，那里有一个天然的洞穴，鲜花盛开，清泉四溢。在这个洞穴里，密特拉所创造的宇宙不断重生，洞中之物按照与实际情况中的相同比例的距离排列，象征着宇宙的诸元素和各个区域。"

因此，波斯人也具有用神庙来代表宇宙的观念。根据比较历史研究的所有准则，当两个已知源自同一文化的人群有着相

---

* 此处所指为波菲利的著作《仙女的洞穴》（*On the Cave of the Nymphs*），波菲利是生活于三至四世纪的古罗马哲学家，新柏拉图主义者。

181 同信仰的时候，或者一个从另一个借用了这一信仰，或者他们都继承自同一源头。借用并不适用于这里所讨论的问题，所以象征宇宙的神庙之根源一定要追溯到印度人和伊朗人还是同一个民族的时代。①

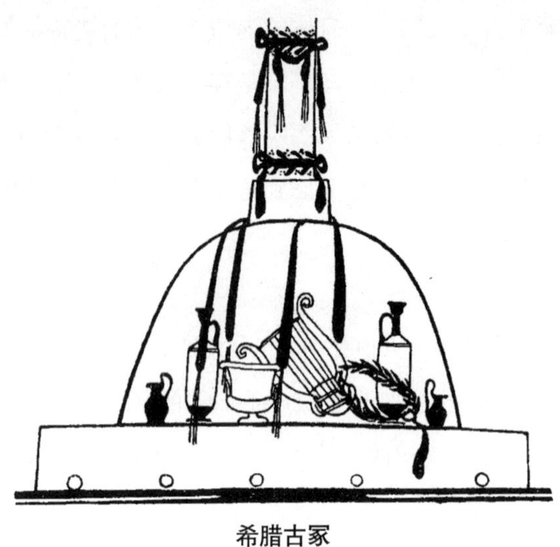

希腊古冢

① 我已经在《锡兰科学杂志》G 分部第一卷第一部分中讨论了洞窟和穹顶的关系。窣堵波实际上取代了锡兰的加达拉得尼亚（Gadaladeniya）神庙的穹顶。写完这篇文章之后，我碰巧读到了 H. B. 沃尔特（H. B. Walter）的《古代陶器史》（*History of Ancient Pottery*），第 143 页上绘制了大英博物馆的希腊 D56 号花瓶，这个花瓶绘制了由护坡道、穹顶、替、顶点和装饰用的花环组成的古冢。请比较该书图版 XXIII 相同的工作。

第十五章
神话与土丘

康巴拉岛（Kambara）是斐济向风群岛中的一个小岛，几乎完全是个岩石构成的台地；种植业都集中在一小块土壤肥沃的区域，剩余的地方则完全无法开垦。岛上有很多叫作 *vesi*（桃花芯木）的树，印度人称之为绿芯树（*Azfaelia bijuga*），这种树作为木材在斐济价格很高。下面这则神话说明了这种树的独有特性： 182

从前有一个叫作姆贝莱瓦拉奇（Mberewalaki）的精灵，是康巴拉的神。他来到维提莱武（Veti Levu）的奥罗伊村（Oloi），祈求将一些土壤带回自己的岛上。他得到了土壤，外加一颗桃花芯木，他打算回去在带回来的土壤上耕种时用这个树做一根掘棍。他带着这些东西回到了家，又返回到奥罗伊准备运回第二批。当他快要回到康巴拉的时候，他发现当地人把他第一次带回来的土壤放在火上烤。看到烟升起来的时候，他正站在一块礁石上。他怒不可遏，将带来的土壤奋力朝康巴拉扔过去，已经不再管这些土壤会落在哪里。结果，土壤全都堆在了奥罗伊山上，而没有妥善安排位置。

这个传说属于起源类型，也就是说，宣称要解释特定现象的成因。但我们不能认为给一个现象贴上神话起源的标签就等同于解释了这个现象。如果一个地理学家来研究康巴拉的构造，他的
183 报告才是对原因的解释，因为它会找到将康巴拉岛塑造成如此模样的真正原因。当然，地理学家的报告会和传说大相径庭。因此，在这两种研究中，目的并不能独立构成对结果的解释；两者的目的都是要提供解释，但结果却是完全不同的。毫无疑问，思想天赋的不平等是这一差异的一部分原因，但在研究方法的巨大差别面前却显得没那么重要。如果斐济人接受了必要的教育，他们的智力也足以使其作出地理学的解释。这里，我们找到了造成解释之差异的真正原因：就是教育。我们的地理学家终其一生都生活在物理科学的氛围里，他也是带着这些浸染来到康巴拉的。他们预先在心里排除了所有其他接近问题的途径，除了力的相互作用和化学反应之外，他们拒绝接受任何其他的解释。而斐济岛民接受的训练是完全不同的：他们总是从老人的唇边接过几乎一模一样的卡瓦酒杯，开始感受自己的传统，他们的文化几乎彻底是我们所说的人文主义的——历史、风俗和承认酋长神圣性的神学，祖先神以及离自己而去的精灵。他几乎总是自然而然地在这些文化的库存中探寻解释。如果我们希望理解他们将事物的原因进行概念化的过程，也必须要依样而行，我们必须得从他们的风俗和信仰入手。

我已经提到过“国家基座”，即神庙建于其上的土丘，是氏族或部落生活的核心。但斐济人在被我们兼并之前的一百年中一直因不间断的战争而动荡不安；孱弱者不得不屈服于压力而承受

被撕裂于神圣土丘的痛苦；但他们总是会携带些神圣的土壤到新家所在地，并修建一个新的土丘，或者不如说“修新如旧”。直到今天，我们还是能够看到奥瓦劳岛（Ovalau）部落的人在热瓦 184
河（Rewa River）边的某处如此“形塑”的诸土丘，由于以上缘故而被称作“携来的泥土”。同样有记录表明，斐济人的邻居汤加人也从家乡携带了土壤，在拉坎巴岛建立了纳乌图乌图土丘。他们当然不可能将整个土丘都搬过来。我们有证据表明，在一些案例中部落在移民时除了携带神圣土壤之外，至少要携带一棵部落之树。比如，乌纳恩古姆（Vunańgumu）部落，也叫作恩古姆（Ngumu）–树部落，就曾在移民时携带一棵恩古姆树，人们跳舞或者进行战争时用这棵树的树枝燃烧后的灰把脸涂黑。[①] 最后，我们一定不要忘了，酋长就是祖先神的活的代表，部落人总是将祖先神的土丘小心地携带在身边，部落的繁荣就是依靠酋长、依靠神、依靠恰如其分的仪式表演。

康巴拉人将当前他们和维提莱武岛的奥罗伊村人之间亲密关系看作是支持他们的传说的证据。这当然是绝好的证据，而我们只是因为忽视了斐济的风俗，才拒绝了这个证据。现在，我们对他们了解更多了，就能够看出来事情可能或多或少都是按照下面这个方式发生的：康巴拉人历史上由于这样那样的原因，被强制离开了位于奥罗伊的老家。在他们的神圣酋长（god-chief）姆贝莱瓦拉奇的带领下，他们移民到了康巴拉岛，并将岛上的一个山

① F. J. 德·马赞（F. J. de Marzan）牧师，《乌纳恩古姆部落史》（*Histoire de la tribu de Vunangumu*），《人》（*Anthropos*），1913 年，第 880 页，以及我自己对这一地方的研究笔记。

酋长的坟墓

莫阿拉（Moala），斐济

圆形房屋

索莫索莫（Somosomo），斐济

称为他们记忆中故乡的奥罗伊山。然而，他们必须在山上放一些神圣土壤，才能确保新家园的丰饶，神圣之树当然也是必需的。因为这样或那样的原因，他们不满足于只搬运一次，可能是落成 185
典礼失败，庄稼坏掉了。新一批的土壤和树被运来的时候，人们正在严重冒犯仪式规则，他们烧掉了第一批运来的神圣土壤，也许是在烧掉雨林平整土地准备耕种时的一个意外，或者思虑欠周在神圣地点挖了一个炉子，或者也不知道什么原因总之就是发生了。神圣酋长狂怒不已，人们发怒时通常会发生争吵，但酋长的愤怒却对部落的繁荣是格外致命的，尤其是当人们扰乱了仪式的时候。这一灾难在人们的心中留下了深刻的印象，从此之后，他们就说，酋长的狂怒导致了土壤的匮乏。

上述传说并非孤例。在斐济北方三百五十英里之外，有一个罗图马岛，那里的人种与斐济人迥然不同，而是与波利尼西亚人更加相近，尽管也保留了一些差异。他们的语言则跟斐济语和波利尼西亚语都有密切的关系。这些人说，他们在一个叫作拉霍（Raho）的人的带领下，从萨摩亚迁徙而来，来的时候带来两篮沙子。他们一直向东航行，直到找到了合适的地方停留下来，然后就开始抛撒沙子，制造了一个岛，但他们又觉得自己距离居住在日落之处的食人族太近了，就继续向东航行，留下了一个没有完成的岛，也就是今天的瓦伊莫阿那（Vaimoana）礁。第二次，他们制造了罗图马岛，但因为有一部分沙子已经浪费在了瓦伊莫阿那，余下的沙子只能制造一个小岛。这个传说当然不可能是用来解释岛的物理特性，比如罗图马岛上没有沙子；这个岛上黑土肥沃，但死去的人却埋葬在沙子里，而且罗图马岛人痛恨将人埋葬在土里的观念。显然，两篮沙子代表了祖先神的神圣坟墓。另外，罗图马岛人可以把你带到马尔哈哈（Malhaha），让你亲眼看到能
186 够证实这个传说的证据：那里就是拉霍上岸的海滩，他和他的人民曾经在一块巨大的中空岩石上制作卡瓦酒，最终他们堆砌了一个圆形的土丘。这样我们就能够重构整个事件了：移民部落携带了两篮沙子，用来圣化他们在新家园建立的神圣土丘，之后他们举行卡瓦仪式将拉霍加冕为王。

T. 布洛赫（T. Bloch）博士描述他在北印度巴萨尔（Basarh）的考古发掘时提到，“在一个巨大的水塘的东岸，有两个泥土修建的土丘，被称作毕姆苏・卡・帕拉（*Bhīmsu kā Pallā*），人们相信这两个土丘是神灵毕姆森（Bhīmsen）扔在那里的两个篮子，而柱子则是该神用来挑篮子的扁担”①。这里提到的柱子是阿育王在公元前三世纪建造的，因此跟这两个土丘没有任何关系，但这对我们的研究目的来说无关紧要。显然，当地人相信用来挑泥土篮子的柱子后来就被直接插在了地上。不论是否依赖于一个跟土丘并没有关系的晚期建筑，当地人都保留了完美的证据来支持这个信念。我之所以坚持认为这柱子是移民带来的扁担，是因为斐济人在完成一天的工作之后，都会把装满食物、柴火或者其他什么东西的篮子挑在掘棍上担回家；康巴拉的掘棍和巴萨尔的扁担可能就是一回事，两者可能都等同于神圣之树。其实，我们并不需要如此迂回地去论证印度存在丧葬之树。印度文学作品提供了直接的证据，其中提到一种支提树（*caitya* trees），单从字面意义上就已经

① 《印度考古调查报告》（*Report of Archaeological Survey of India*），1903—1904 年，第 85 页。

表明与火葬的柴堆有关系了。科尔布鲁克（Colebrook）说，在现代社会“为了遮住焚烧尸体的地点，人们就应该种一棵树，或者用砖石修建一个坟丘”。在锡兰，窣堵波的边上总是有一棵菩提树；只是人们都忘了这棵树和窣堵波一样都起源于丧葬。这种树 187
也总是出现在浅浮雕中，在浅浮雕中，这种树被一种叫作佛教围栏（Buddhist railing）的东西包围着，有时包围这棵树的甚至是方形或者长方形或者圆形的神庙。这棵树的顶端通常还会戴有一柄伞。[1] 如果我们考虑到哈里森女士的《忒弥斯》一书中一棵树长在希腊坟墓上方的图，就不会认为这种浮雕中的树和我们提出的神庙位于坟墓顶上的理论相互矛盾了。格林相信，被古代人称为 *fanum* 或者 *pûr* 的日耳曼神庙“很有可能是由圆木和树枝围绕着圣树构成的”。[2]

用扁担挑东西的习俗在欧洲已经消失很长时间了，所以我们不要指望在自己的国家能够找到跟印度和斐济的传说包含同样细节的故事。然而，O. G. S. 克劳福德（O. G. S. Crawford）先生证明，至少有些圆形坟墓确实是用其他地方带来的泥土建造的：米歇尔德福（Micheldever）附近的朗德伍德（Roundwood）有一个古冢，其剖面图显示，其中有个扁平的椎体就是用从篮子里或者桶里倒出来的泥土建造而成的。如果建造者不辞劳苦从遥远的地方运来泥土，而不

---

① 《论印度丧葬仪式》（Essay on the Funeral Ceremonies of the Hindus），《亚洲研究》（*Asiatic Researches*），vol. vii，转引自普林斯普（Prinsep），《印度古迹》（*Indian Antiquities*），i. 155。在所罗门群岛的埃迪斯通岛（Eddystone）也种有这种丧葬之树。见《皇家人类学会杂志》，1922 年，第 95 页。J. 弗格森，《树与蛇崇拜》（*Tree and Serpent Worship*），图版第 xxv 和 xxx 页。

② 《日耳曼神话学》，斯塔利布拉斯译，第 86 页。

是就地取材，那一定是有原因的，而我们只能通过对不同的传说进行比较研究才能够揭示这一原因。欧洲也有从远方带来泥土和石头的故事，但据我所知都和古冢没什么关系。因此，我只能期待民俗学家能够检索他们积累的故事，看一看在习俗变化和时间跨度仍旧允许进行比较研究的前提下，是不是有跟印度和斐济相似的传说。

在这一章当中，我们扩大了上一章讨论的丧葬土丘的概念：
188 这个概念现在不只是意味着对死去的酋长和国王的纪念物：整个部落的命运都集中在土丘上。当部落的人被强迫离开故土时，他们会小心地携带足够的泥土，以便能够激活他们在新家园修建的土丘，同时，他们还会携带一棵树，这是附属于土丘的。至少，我们已经证明在希腊、印度和斐济，土丘和树之间有着密切的关系，但这一关系未必是普遍的：土丘和树之间的关系可能只是源自西亚的一种区域性现象，并向东部蔓延；除非我们发现了再往西部的证据，否则就无法追踪到最早的起源。

和罗马人一样，古代日耳曼人也提到了“圆形的大地”。在大地的外缘上是奔流的海洋，海洋里是数不清的“虫子”，每个虫子都咬着自己的尾巴，用身体紧紧缠绕着大地。人类就居住在这个被缠绕的叫作尘世（Midgard）的空间里；尘世的外缘有一道围墙保护着人类，将居住在海岸上的巨人隔离在外。在世界的中央矗立着一棵叫作乾坤树（Yggdrasil）的巨大的白蜡树，其树枝一直延伸到了天（heaven）外，主干最高的大树枝罩在了瓦尔哈拉（Walhalla）* 的上空，而树根则穿透了尘世，到达了地下

* 瓦尔哈拉是指北欧中的一座神殿，奥丁神将战死的武士的灵魂都放在其中，武士们可以在里面永久生活。

世界。[①] 这是一个非常糟糕的世界图景，糟糕到我都好奇这是谁想出来的，但这对我们研究的由象征海洋的沟渠环绕的圆形土丘却是绝好的描述，圆形土丘也是通过围栏将潜在的魔鬼挡在外面，土丘顶上也有一棵圣树，其枝叶掩映着众神的居所，其根须穿过大地，一直向下延伸。

---

① 格林，前引书，559 及下页，第 601、794、796 页。瓦格纳（Wagner）和麦克道尔（MacDowall），《仙境与神灵》（*Asgard and the Gods*），第 26 页。

第十六章
创　世

189　在开始研究的时候，我们会认为加冕礼是由一系列礼仪构成的完整系统。上一章讨论的罗图马人的传说表明这一系统是一个更大的系统的一部分，后者还包括堆砌起神圣的土丘；在罗图马人的传说中，国王的就职礼和建造土丘都是在他们登陆的新家园举行的。我们可以暂时将由这两个事件构成的整个仪式称作是“家园的落成礼”。

维提莱武的山居斐济人部落证实了我们对罗图马人的看法。他们并不为每一任新酋长举行就职典礼。他们只知道一次就职典礼，就是最高酋长和他管理的酋长们的祖先的就职礼，那时部落的历史刚开始，他们堆起了土丘。这次就职礼和当前海滨部落的酋长就职礼一样，都被称作威姆布利（*veimbuli*）。现在，姆布利（*mbuli*）的意思是“制造”、“用土覆盖”，可能指的是一口锅，或者是一个土堆。这个词也用来描述我们所说的“世界的创造”；也被用于酋长的就职礼。作动词使用时，这个词总是带有一个宾语，后者使得它所描述的动作的意思清晰确定，但是名词形式的威姆布利没有宾语，我们就无法确定它究竟指的是堆起土堆的动作还是酋长的圣化的过程。西瓦努阿莱武的土著的表述方式更加清晰：他们不定期地举办就职典礼，只要庄稼不好就举办一次；190
这些典礼被他们称作姆布利瓦努阿（*mbuli vanua*）或者图丽瓦努阿（*tuli vanua*），意思是“制造土地”或者“创造大地”。也许，维提莱武的山区部落不会专门区分他们具体所指是就职礼、建造土堆还是更新大地的原因就在于，他们心中就没有这样的区别，事实上也确实没有：这些根本就是同一个典礼。

人类通过一个典礼来创造世界，甚至就是一个岛的观念，与我们关于宇宙的观念完全没有可比性，乍一看，这种典礼也根本就不可能存在。其实，斐济人和罗图马岛人所暗示出来的观念，印度人早就已经直白地宣布出来了，可能就是太过直白了，甚至把早几辈的梵文学者吓了一跳，毕竟他们的信息来源渠道还没有那么广泛，也不能理解古人的信仰，如今，这都变成后辈学者的责任了。“与献祭行为相关的最为荒诞的观念，”莫尼尔-威廉斯（Monier-Williams）说道，“就是将其当作是创造世界的工具。”[①] 整个世界只会为了婆罗门祭司而忧伤，婆罗门祭司是献祭仪式的专家；事实上，根据《摩奴法典》，婆罗门祭司就是“为了保存被烧掉的供品和给予祖先的供品和保护整个世界”而被创造出来的。[②]《百道梵书》用了很长一段文字来描述创造世界的方法。[③] 先要挖起一小块黏土，准备黄土的过程伴随着至为周密的规则，每一步

① 《婆罗门教与印度教》（*Brahmanism and Hinduism*），第 23 页。

② i. 94.

③ vi. 5. 1 及下页。

都有着恰当的模式。这块黏土的一部分被用来制成火盆。这个过程丝丝入扣地再现了从最初的原点开始的宇宙创造，该书在一开始的时候也描述过宇宙被创造的过程。伴随着一首关于水的赞美诗，水被洒在黏土上，就像宇宙创生时一样，黏土变成了水，接
191 下来水中产生的泡沫被放在黏土上，就像创世时水中产生了泡沫一样。再然后，黏土一步步被加工成大地的样子：司仪祭司将黏土延展开了做成火盆的底部，“底部就是大地，”就像众神“制造了大地，并援引了这一祝词，祭司已经制造了大地，现在亦援引了这一祝词”。当他制造火盆侧面的下部时，他援引适宜的诗句，比如“你就是大气”，他也就塑造了大气。火盆侧面的上部同样变成了天。至于他为何可以因此就创造了宇宙，我想原因在第二部分的第 22 首诗当中已经说明了，这首诗说，有人制造了不止一个火盆；但这是不对的，因为火盆代表了整个宇宙，再制造一个火盆完全是多余的，而且“祭司做的任何多余的部分都会送给他的敌人”。所以看起来，一个人创造了宇宙就意味着要控制它。献祭者在造好了火盆之后，就用剩下的黏土来填充这个创造出来的宇宙。他甚至用剩余的黏土塑造了诸神。

创造世界的行为并不局限于仪典当中，可以说每次献祭都是一系列的创造行为。为什么海洋环绕着大地？那是因为祭司用石头围住了家户长的祭坛，祭坛就代表了大地，那些围绕这祭坛的石头就是海水。为什么世界上有那么多植物？那是因为献祭时供奉了草，“献祭时用的草就等同于植物，他把植物放置到了世界当中”。祭司甚至规定了太阳的轨迹：他拿起代表太阳的火种，先指向东北，再指向东南，这就是为什么太阳没有一直待在北方，而

是返回了南方。[①] 王的加冕礼的全部目的就在于获得对世界的控制权，并“带来丰产，创造万物”。

埃及法老自身就“具有造物主的能量，这让他能够把每一 192
天都变成全新的，而不必消耗自然的能量，这就是创造的神秘之处”。他能够做到这一点，显然是通过“向神灵，他的父亲供奉供品，整个宇宙都处于这些供品的荫护之下”[②]。巴比伦人有一个与太阳在春天重生有关的大型创造性仪式，在每年的开始举行庆祝活动。[③] 厄琉息斯秘仪“象征性再现的可能就是创世的过程，其中祭司长扮演的是创世者的角色，持火炬者扮演太阳，祭坛祭司代表月亮，传令官代表的就是赫尔墨斯”。[④]

这里提到的各个群体都通过诉诸先例来使他们的创世仪式正当化，而这些先例都来自神灵创世时的原初行为。我想，在这里已经可以看得很清楚了，这些原初行为在各个群体看来都和他们后来表演的仪式没有任何一丁点差别。“这牺牲，这世间的所有造物，都来自生主。从创世之时直到今天，他们仍旧以同样的方式被创造出来”，《百道梵书》如是说。[⑤] 该书清楚地表明，世界最初是从献祭中产生的；牺牲就是生主，众神之父，众魔鬼之父，万物之主。用于创世仪式的牺牲，至少其中的一种形式，一定是真正的或者象征性的人牲。《梨俱吠陀》说得更清楚，它详细描述了众神如何肢解并献祭了普鲁夏（Purusha），也就是原人，并用

① 《百道梵书》, i. 9. 2. 29 ; vi. 7. 2. 12 ; 3. 1 ; 3. 9。

② 莫雷特,《法老王权的宗教特点》等，297。

③ 朗顿,《创世史诗》(*The Epic of Creation*)，第 16、20 页，iii. 2 的注释。

④ 史密斯,《古典时代词典》，词条“厄琉息斯秘仪”(Eleusinia)。

⑤ iv. 5. 5. 1.

他的头和四肢创造了整个世界。[①]

1.“普鲁夏有一千个头，一千双眼，一千双脚。他覆盖着大地，并且在所有的方向上都延伸出十指宽。

193 2.“普鲁夏就是整个宇宙，曾经是，未来也是……

3.“……他出生时，身体后部和前部就都延伸出了大地。

6.“当众神以普鲁夏为供品举行献祭之时，春天就是融化的酥油，冬天是燃烧的燃料，秋天就是供品本身。

8.“从被完整供奉的牺牲中收集起来的酥油中，众神制造出天空、森林和村庄中的兽类。

10.“从中产生出了马和其他上下颚都长有牙齿的动物。从中产生了牛，从中产生了山羊与绵羊。

11.“当他们肢解了普鲁夏的时候，究竟分了多少块，又如何安排？……

12.“他的嘴变成了祭司；他的手臂变成了贵族；他身体的两侧变成了自耕农；从他的双脚中产生了平民。

13.“月亮来自他的心，太阳来自他的眼，从他的嘴里诞生了因陀罗和火神，从他的呼吸中诞生了风神。

14.“空气来自他的肚脐，天空来自他的头，大地来自他的双脚，四方来自他的耳朵：众神就这样安置了整个世界。

15.“通过这次献祭，众神把牺牲献给了牺牲。”

这已经非常清楚地表明，《梨俱吠陀》认为创世来自一个牺

---

① x. 90.

牲，而同样清楚的是，这次献祭并没有制造整个世界，至少没有在我们所谓制造的意义上制造大地，因为大地在普鲁夏被献祭之前就已经存在了。比较神话学的研究表明，这一观念远比《梨俱吠陀》要古老。巴比伦人相信世界是由被杀死的女性魔鬼提亚玛特（Tiamat）的身体构成的。[①] 他们还认为人类是通过将一块黏土 194
和被杀死神灵的血相混合之后塑造而成的。[②] 但巴比伦与印度的相似性没有日耳曼与印度的相似性来得紧密。古代日耳曼人相信阿斯族（Ases）按照万物之父所期待的方式开始了创世活动。[③] 他们杀死了巨人伊米尔（Ymir），把他的尸体拖到深渊之下的深渊中，“用他的血创造出了大海和水，用他的肉创造了大地，用他的骨头创造了群山，用他的牙齿和碎骨头创造岩石和峭壁，之后，又用他的头盖骨创造了天”。为了保卫内陆部分不被巨人们侵扰，阿斯族又利用伊米尔的额头建造了城堡，这是尘世间的人类的居所。他的大脑被扔到了空中，变成了云朵。他的头发变成了森林。

人们真的会一再推测万物的起源，结果竟然是群山来自巨人的骨头，云朵来自他的脑仁这种耸人听闻的结论吗？如果我们相信那时的人和现在的人一样，都是依靠传统来保存和理解事实，难道不是更合理吗？如果这样，古代日耳曼人也许只是记载了人牲献祭的细节？我们能够理解，尽管彼此相距遥远，遍布全世界的人牲献祭留下的记忆会何其相似。反过来，如果这些神话都来

① 朗顿，前引书，iv. 135 及以下诸页，第 147 页。

② 迈斯纳，《巴比伦与亚述》，i. 371。

③ 格林，《日耳曼神话学》，558 及以下诸页；瓦格纳和麦克道尔，前引书，第 23 页。

自狂野的不受控制的想象，那我们如何解释今天的吉尔伯特群岛人（Gilbert Islanders）与古代印度人和日耳曼人神话之间的令人惊叹的相似性？这个岛上的居民说，纳阿仁（Na Arean）经过父亲的允许后，将父亲杀死了，然后把他的右眼扔到了东面的天上，变成了太阳，左眼扔到了西面的天上，看啊，它变成了月亮！他
195 把父亲的大脑洒向天空，变成了群星。他的肉被抛撒到了水里时，纳阿仁看到了岩石和石头。他拿起父亲的骨头种到了第一块地即萨摩亚的土地上。从纳阿提布（Na Atibu）的骨头上长出了萨摩亚之树，也就是他们的祖先。[①]

这里又一次在距离斐济很近的地方出现了圣树，我们就是在斐济发现圣树与部落定居庆典有关系的。结论很明显，在这里当创世行为发生的时候，世界已经存在了：在纳阿仁用纳阿提布的骨头创造出岩石之前，岩石已经存在了。难道我们会相信一方面吉尔伯特群岛人或者他们的老师能够睿智地推测出世界的起源，而另一方面他们如此愚蠢，竟然对自己要解释的东西视而不见？难道是因此他们创造的神话里假设一种东西已经存在，而这个神话又要解释这个东西是如何出现的？如果我们相信创世故事只是代表了一种处置世界的方法或影响世界的方式，难道不是更加容易吗？这种处置世界的方式已经在《百道梵书》中有所记载了：据说萨达尼拉（Sadanira）东部的乡野原本是没有开垦的，直到婆罗门祭司通过牺牲让阿耆尼创世主（Agni Visvakarman）——创造

① A. 格林布尔，《吉尔伯特群岛神话》（"Myth from the Gilbert Islands"），《民俗》，第 33 卷（1922），95 及以下诸页。

一切的火，品尝到了它的味道。[①]

我们遭遇到的困难在于，我们拒绝接受吠陀和梵书中清晰表达的观念，即最初的创世活动就是一场献祭，而后来的创世仪典都不过是对这一场原初献祭的不断重复，就像弥撒只是对原初献祭的每日重复一样。因为拒绝了古代印度人的建议，我们陷入了错误的心理学泥沼：我们被迫假设一种和我们从南极到北极所了解的所有原始人都不同的心灵结构，我们被迫假设我们所观察到的心智过程没有给予我们任何教益。任何假设，如果要靠虚构操 196
作方法来支持自己，那它就不可能是正确的。而如果我们相信早期印度人的记载，我们就什么都不用虚构：我们没有虚构创世仪典，我们在印度、巴比伦和埃及都实际观察到了；我们从实际的个案中看到了能够通过肢解一个人或者动物的牺牲来赋予大地生机[②]；当我们认为这些创世神话不过是对赋予宇宙生机或更新其力量之方法的历史记录时，我们没有假设任何我们不能确定其存在或者曾经存在并一度被实践的事。

这当然不是我们所理解的那种创造。我们所谓创造是指让此前不存在的变成存在。我们所描述的创造性献祭并没有制造出任何东西，而只是让事物以如此这般的方式变得对人类更有利。当然，这也不过就是斐济人在“塑造大地”的时候所要达到的目的。他心里究竟在想些什么我们也无从知晓，他也没有告诉我们。他没有告诉我们的原因可能是他们心里的理论也很模糊，但他当然不可能想象他们在制造一个新的大地。既然他是在庄稼不

① i. 4. 1. 16.

② 与本书第 37 页比较。

好的时候举行仪式表演，我们可以推定他所做的一切我们应该描述为更新。古代印度人、巴比伦人和日耳曼人的行为又能有什么不同呢？难道我们没有在他们的记载中读到原本并不存在于文献中的观念吗？太容易这么做了，简直就是不可避免的，我们花了好几辈人的时间才克服自己的先入之见。让我们考虑一下所罗门群岛的厄迪斯顿岛人：他告诉我们神“制造”了大地；至少我们
197 最初如此翻译动词 *taviti*；但在更加熟悉当地语言之后，我们发现 *taviti* 固然有时可以相当于我们的“制造”一词，但并不完全等同，这个词更多是指对某物施加影响，而不是制造它；所以，你 *taviti* 一个病人，意思是治疗他，*taviti* 一个女人，意思是和她发生关系，*taviti* 一位神灵，意思是过他的节日。因此，当一个厄迪斯顿岛人告诉我们神灵 *taviti* 了大地，我们如果翻译成“创造了大地”，就超出了他本来的意思，他所说的无非是神灵们处置了大地，事实上，他们的神话里面确实没有关于真的创世的证据，而只有对已经存在的岛屿作出改变的表述。[①] 我所熟悉的其他美拉尼西亚和波利尼西亚语言同样也没有哪个动词的意思和我们制造的概念是一致的。也许这个语族在这方面就是很独特，也许他们所保留的看法在工艺比较原始的时代本身就是自然而然的；在像太平洋这样的地区，手工制品相比用仪式处置的自然物来说，并没有那么有用，也就算不得什么新创作，制造或创造的概念就既非

---

① 《埃迪斯通岛上的死者崇拜》(The Cult of the Dead in Eddystone Island)，载《皇家人类学会杂志》，iii，1922 年，271 及以下诸页。很不幸，我曾经到处把 *taviti* 或者混合词组“make him”翻译成了“制造”或者“创造。”这里要强调的是，我们应该始终逐字逐句地记下每一件事，这样翻译中的错误往后就可以纠正过来。

必需的，也不那么为人所熟知了。我们必须要提醒自己，当我们将自己所理解的创世理论用于分析手工艺或者十分初步或者根本不存在的遥远年代的社会时，千万不要把他们还没有发展出来的概念应用到他们身上。

要理解他们的看法，需要花很长时间细心地学习他们和他们当前代表人群的语言和书写，因此，在我们还不能使用古代印度人的语言时，要回答他们为什么认为自己可以更新整个世界，将“生机”置入世界等问题，还为时太早。要得到这些答案，我们必 198
须首先解释他们如何形成了他们要通过献祭去影响的那个宇宙的概念。我们目前能做的就只是确定这个概念的所指，至于它是如何形成的，只能留给未来去研究了。

古代印度人认为人体是一个小宇宙，每个部分都跟大宇宙相互对应：他的头对应着天，眼睛对应着太阳，呼吸对应着风，双腿对应着大地，等等。《梨俱吠陀》的葬礼赞美诗中已经暗示了这一教条，第十书的第十六首诗这样对逝者说道：

> 让你的眼睛到太阳那里去，让你的呼吸与风同行，
> 去天上吧，去大地吧，让法律得到遵从。

但《梨俱吠陀》是一部赞美诗集，我们不能指望在里面找到比我们自己的《古今圣诗集》更多的阐释了：这两部诗集都只是在玩弄这个主题，要理解它我们还是得回到梵书。梵书中存在很多令人乏味的重复套用，或者说是变体——很多诗歌都要依据仪式的不同目的作出调整，在这些变体之间可以发现很多对应之处。

学者们经常说，原始人会把相似性当作同一性，也就是说，如果他看到两个东西彼此相似，他就会说，他们肯定是一样的，对其中一个施加影响，也会同样影响到另外一个。这种看法对原始人来说是十分不公平的。研究者之所以这样看，是因为研究了野蛮人的遗存的缘故，这些野蛮人已经忘记了自己的理论，无法解释自己的行为。当我们想阐明基督教的教条时，我们并不会诉诸农民，而是去询问那些研究过古代权威思想的人。所以，如果我们想真正了解那些遥远的古人是如何就上述教条得出结论的，我们也不能去询问那些机械化地继承和执行先辈教条的人，而是应该诉诸那些建立这一教条或者仍旧记得这一教条是如何建立起
199 来的人。古代印度人当然不相信眼睛和太阳之间的确定无疑的类比关系，也不会认为两者的同一性会达到影响其一必及其二的程度。这两者不是同一的，而只能通过两者各自和置入的第三个因素之间的同一性才能建立起同一性关系。这种方法就是我们已经熟悉的三个等式关系：

$$眼睛 = X$$
$$太阳 = X$$
$$\therefore 眼睛 = 太阳$$

这个未知的变量 X 就是献祭仪式和它的各个组成部分，尤其是祭坛。祭坛（因此也包括我们已经看到的丧葬土丘）就是按照其每个部分都和宇宙的组成部分相互对应的方式建造的，更确切地说是和与该部分有关的神灵相对应；而另一方面，祭坛的每个组成部分又和人体的组成部分相互对应。这样，祭坛就具有两个系列的对应关系，一个“与众神灵相互对应”，比如与大地、牛、

空气、鸟，等等，另一个则是“与人的身体有关”，比如，与腿和腿上的肉，与腿以上腰以下的部分以及这一部分的肉，等等。[①] 与祭坛一样，牺牲也代表了宇宙，牺牲的各个部分代表了宇宙的各个部分。在马祭中，马头代表黎明，眼睛代表太阳，呼吸代表风，马背代表天，腹部代表空气，腹部的下方代表大地，等等。[②] 然而，祭司变成了牺牲：这是印度和闪米特献祭的基本法则[③]；祭司也就因此变成了具备宇宙各个部分的人。 200

当然，嘲笑关于宇宙的仪式性概念，或者斥责一个人变成与天地同一是荒唐的想象，是很容易的。宗教很容易看起来显得荒诞，那是因为它本身就难以理解。变体论就很容易招来取笑，事实上，基督教的无知的批评者就经常得意洋洋地说，他们通过追问我们是不是真的相信上帝变成了圣饼，已经将变体论变成了一个荒谬的断言。我们自己也应该以此为戒，问问自己在谴责古代教条离奇古怪之前，是否真的理解了这些教条的真正含义。显然，梵书并不认为作为物质的太阳和眼睛是同一的。如果他们确实这么想，那他们就应该追踪献祭和“物”之间的对应关系，而事实上，他们追寻的是献祭和神灵之间的关系，也就是说，他们关注的是与物有关的神。在链条的另一端，并不是沉重的肉体，而是非物质化的自我，这一自我是由赞美诗、圣歌和咒语构成

---

① 相应的词是 *adhidevatam* 和 *adhyātmam*，《百道梵书》，viii. 7. 4. 12 及以下诸页，x. 1. 2. 3。

② 《百道梵书》，x. 6. 4. 1。

③ W. 罗伯森 · 斯密（W. Robertson Smith），《闪米特人的宗教》（*Lectures on the Religion of Semites*）。

的。[1]因此，对应关系不是存在于火球跟肉眼之间，而是存在于太阳的本质和神秘之眼之间。人和世界之间的同一性也不是物质上的同一性，我们的感官认识告诉我们这是不现实的，真正的同一性是不可见的，却在宇宙中有很多明证。通过火把点燃的火焰与太阳是一样的，因为太阳也是火，他们不是同样的火，但形式是一样的，而且不论如何大地上的火都可以最终追溯到太阳，用来制作火把的树就是潜在地保留了太阳的能量。古人已经从远处充分意识到了这些不可见的过程，这个我们在本研究中也早就了解了。他们可能还没有向我们一样清晰地认识到其中的机制，但他
201 们意识到太阳产生的热量渗透到了大地上的万物。波利尼西亚人或者他们的祖先当然对潜在的火是有些概念的，所以才会相信毛伊（Maui）从另外一个世界带来的原始火种储藏于树里面。如果我们沿着这个思路前进，我们就不可避免地得出结论，每棵树都包含了一些不可见的元素，那就是从其他世界带来的原始之火。

事物之间、事物与人之间是通过形式（我不会把我们的权威留下的如此模糊的概念进一步明确化）彼此建立联系、达到同一性的，也正是通过这一概念性的同一性，人才能够影响世界，并在其运行不好的时候予以修补。当宇宙运行出错的时候，人无法真的拆解它，修补它，或者将破碎的部分重新整合，但人可以通过献祭将其拆散再重建其形式。既然祭坛代表了人的身体，那这个身体就可能随着祭坛修建得好或者不好而运行良好或者疾病缠身。[2]

---

① 《百道梵书》，x. 5. 1. 5。

② 同上，viii. 6. 2. 18。

上述阐释的范围并没有超越我们对印度献祭仪式背后之潜在观念的假设；尽管这也许还没有完全排除我们自己对事物的看法，但已经足够表明创世献祭是有着完美的理性基础的；如果我们能够将创世神话解释成对创世仪式的多少有几分精确的记忆，我们就不必假设一种与我们所熟悉的任何人群都不同的心灵结构了，也不必依赖任何仪式来源于神话的理论所强加给我们的遁词。

全部的创世仪典就是一个庞大的仪式系统，包括建立宇宙土丘、祭坛-坟墓，种植圣树，驱逐敌对的力量，给国王、王后和他们的贵族举行就职礼，以及为了共同体的利益神秘地占有大地的 202
精华及其承载的一切。

如果这一理论是正确的，那么创世神话和宇宙哲学就不再只是异想天开的古董，只适于历史学家消磨茶余饭后的时光，然后就要让位于更加严肃的任务而被束之高阁；它们变成了对遥远时代和久已废弃的仪式与信仰价值连城的证据。杀死并肢解伊米尔的故事会让我们对古代日耳曼甚至是前日耳曼时代的创世仪典的内涵及其如何被继承有一个非常正确的认识。《创世记》的第一章告诉我们，希伯来人或者他们的前辈会举行一个为期六天的仪式，就像柬埔寨国王的加冕礼一样，我们甚至可以冒险将希伯来人和柬埔寨人在这期间每一天的仪式都并置在一起：

第一天，用新火带来新的光明；

第二天，将天地分开。这是一个广泛传播的神话，至少从埃及到新西兰都能够看到；但这个仪式的目的或本质我不敢断言；

第三天，伴随着相应的赞美诗，更新大地的生机，并开始播种，种植圣树。

第四天，确定太阳、月亮和群星的运行轨道，这个轨道直到下一次仪式之前不会改变；

第五天，赋予鱼和鸟生命与生机，并确保它们繁殖；

第六天，前一天的工作在野兽范围内重复一次。进入整个仪典的终点：为国王、王后和酋长举行就职礼；

第七天，安息日，以免这个新诞生的世界受到任何伤害。

我必须为论证人的创世活动与国王和酋长的就职礼之间的同一性提供一些正当的理由：在早期巴比伦，人这个词指的就是贵
203 族[①]，而且我们知道希伯来人的神话就是从这些人当中来的。在埃

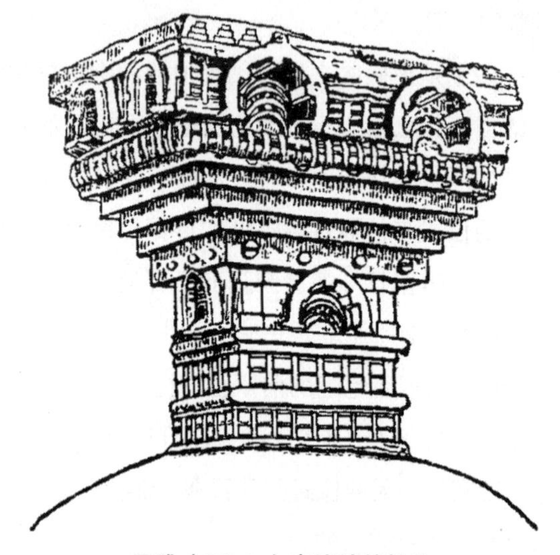

巴雅（Bhājā）窣堵波的柱头

来自伯吉斯《阿玛拉瓦蒂和杰盖耶贝达》，第 171 页

① 迈斯纳，《巴比伦与亚述》，i，第 371 页。

及的封建时代维齐（Vizier）就被称作是“人”，并与“神”——也就是国王——相对。在古代印度，人这个词也总是有着特殊的意味，并不是指普遍意义的人，而是指一个朦胧的史前人物，这个人物在《梨俱吠陀》中被献祭了，佛教经典则用更加令人印象深刻的词称呼他为大丈夫（Great Man），他就是皇帝和至高圣人的原型。

现在还无法尝试确定古代闪米特人仪式的细节。我们只要表明这多少是可行的就够了，有志于从事这一研究的人是非常可能成功的。

第十七章
约书亚

204 斐济的拉坎巴岛人相信他们能够在一定程度上用非常简单的方法控制日落。在通往瓦卡诺（Vakano）村庄的路上的山里有一丛芦苇，被称为"打结的芦苇"，误了脚程的旅客会朝着落日挥手，好像在跟它打招呼一样，然后他折下一段芦苇，打个结，他一直攥着这个芦苇结，直到他到达村庄：黑夜便不会降临，直到他到达目的地，他便扔掉了那支芦苇。招呼这个词在当地语言中是 *yalovaki*，来自 *yalo*，后者的意思是"阴影""形象""灵魂"，这个魔法的意义是确定无疑的：旅客朝自己的影子，也就是太阳的副体挥手，然后将它系在芦苇结里面，太阳就跑不掉了。[①]

似乎对我们来说，要设想他能够拖住太阳哪怕一分钟都是非常怪诞的：这跟我们的感官证据是相矛盾的。但在这样分析的时候，我们分析的人要有钟表来测量时间，就像测量一段路或者一朵棉花。斐济人没有测量时间的手段，甚至无法测量自己影子的长度；他对时间没兴趣，测量时间对他也没什么价值，他主要关

① 《人》（*Anthropos*），1911 年，第 724 页。

心的就是在夜幕降临之前结束旅程，以免遇到鬼。对这样的人来 205
说，时间就和它被感觉的一样长，我们都知道，当我们着急的时候，时间看起来就会变长；当我们焦急地盯着地平线上的太阳，快马加鞭奔向目的地时，太阳仿佛就静止在天上了。对于既没有钟表也不懂心理学的人来说，除了太阳确实减慢了下降的速度，还能有什么解释？

古代印度人也相信人可以加快或者减缓太阳的前进的速度。《摩诃婆罗多》中记载了克里希那在一场战斗中让太阳看起来就像落山了一样。[①] 在知道了梵书中描述的设定太阳轨道的情节之后，这就不会让我们吃惊了。罗德西亚（Rhodesian）黑人和斐济人一样相信自己可以让太阳静止在天上，他“在一棵树的主干和旁枝的交界处放上一块石头，就可以确保在太阳下山之前到达目的地”。[②] 罗得西亚以北两千英里以外的人也有同样的看法。所以一共有两条线，一条从斐济向西，一条从罗得西亚向北，两相交汇的地方就是神圣王权的发源地，即埃及、美索不达米亚、小亚细亚、爱琴海和南欧这一区域。在这个区域内，人们也相信自己有能力拖住太阳。在基遍之战中，古代以色列人大败五位亚摩利人（Amorites）的国王，“当耶和华将亚摩利人交给以色列人的日子，约书亚就祷告耶和华，在以色列人眼前说：

日头啊，你停在基遍；

① 3. 146. 68，依据霍普金斯，《史诗神话学》，第 215 页。

② 加布特（Garbutt），《南非的本土巫术与迷信》（Native Witchcraft and Superstition of South Africa），《皇家人类学会杂志》，1909 年，第 532 页。

月亮啊，你要止在亚雅伦谷。
于是日头停留，月亮止住，
只等国民向敌人报仇。

206 这事岂不是写在《雅煞珥书》上吗？日头在天当中停住，不急速下落，约有一日之久。”①

《圣经》批评者认为，写作《雅煞珥书》的诗人多少带着些诗性的疯狂，才会以天上的巨大光明来支持他的英雄。但这哪里用得着什么诗性的疯狂？斐济人和罗得西亚黑人觉得让太阳等他们到家再下山，是再平常不过的事，这些蒙昧的野蛮人可以在一周当中的每一天这么干，有着全部的东方智慧做后盾的约书亚当然也不应该觉得这么干有什么困难。

按照斐济人的榜样来看，甚至比约书亚的所作所为更加不可思议的功绩也不过都是些小儿科。波利尼西亚人相信，英雄毛伊曾经用绳子套住太阳，并痛打了他一顿，就是为了让他走慢一点。② 想象一下，如果你能够把太阳的副体系在一个芦苇结里，那打他一顿也就没什么稀罕的了。

---

① 《约书亚书》，x. 12。（此处采用了汉译本《新旧约全书》（和合本）的翻译——译者）

② 特里盖尔，《比较毛利语词典》，词条“毛伊”（*Maui*）。

第十八章
诸　神

前文中我们一遍又一遍地证明神话，即使是风格最离奇的神 207
话，终究也不过是古板的历史。一个与其他人的看法完全相左的结论是需要证据的。通常，神话并不被认为是可靠的记忆的直接产物，而是一些被现实激发的鲜活的想象，但这些事实被神话变得面目全非，无法识别。如果我们能够把神话后面的事实追溯出来，那是因为偶尔这些事实的碎片抗拒变形，反而以赤裸裸的方式散落四方。这些事实是指自然的现象，太阳、月亮、云朵和风、海洋与江河，所有这些都是物质世界的组成部分，还有作为抽象实体的心灵、言语、正义。将这些事实进行变形的过程被叫作人格化，因为在这个过程里那些没有生命的物都被披上了人格的外衣，让他们有手有脸，能说话，能做人做的所有事，拥有人拥有的一切。现在可以确定的是，至少印度的诸神都是自然和道德现象的人格化的结果。当他们不是真的被叫作太阳、黎明、火、言语的时候，我们仍旧非常明确地将他们描述得十分客观，因陀罗就是太阳，苏摩就是月亮，辩才天女萨拉斯瓦蒂就是言语；甚至

当这些描述失败了以后，类似“夺目之光”“金色之手”“金色之
208 眼”这一类的绰号仍旧能够表明神灵不过就是太阳。

这一变形过程的产物都是明摆在眼前的，但没有人曾努力描述过这个过程本身。对我们来说的问题是，神话学家通常都断定原始人痴迷于人格化，但人格化只是描述了结果，而没有告诉我们他们是如何做到这一点的。我们得到的印象是，这个过程完全是神秘的，是大脑当中瞬间的化学作用，我们根本就无法看到这一化学作用是如何发生的，人的眼睛看到太阳的光盘，直接就将其看作是一个驾着金色马车、长着金色的手的人，就像我们看到一堆散乱的色彩就能辨识出那是一座房子一样。现在我们了解了自己的心灵，欧洲人的心灵当然不是这样工作的，我们看到的太阳是发光的圆盘，而不会赋予它人的形式，除了创作诗歌，也不会用称呼人的术语来称呼它，这时我们是在使用传统的语言，而不是在描述我们看到的太阳。人类学家已经花了不少时间在全世界进行搜寻，尚没有找到有什么人跟我们看待自然现象的方式不同。如果野蛮人确实跟我们不同，那就在于他们对自然现象没什么兴趣，甚至在被自己的诗性折磨而倍感煎熬的时候，他们也没有将自然现象人格化。斐济人就不会将自然现象人格化，如果你在他面前这么做，他会认为你还不熟悉他们的语言，所以有些词不达意。也许你会偶尔有机会向他表述一个他在字面上能够理解的隐喻，比如，一个传教士对他的教徒说，教堂被热情所燃烧，教徒们会认为是教堂起火了；但是如果你能够克服语言的不相称，
209 首尾一贯地翻译一首《梨俱吠陀》的赞美诗，对着太阳或者黎明讲话，我怀疑你理智清明的名声就保不住了。

如果这种自动人格化的做法在世界上是找不到的，那我们又该去哪里寻找？难道是去遥远的过去？我们没有权力去假定一个从没有被遵行过的心智过程，除非在现有的所有心智过程都被尝试过而且失败了的地方，这一过程成功地提供了对事实的解释。人格化其实什么都没有解释：这个词只是描述结果的一个方便用法而已。它并没有满足成为一个假设的首要条件，即使它真的满足了，我们也没有真的检验过所有其他已知存在的心智过程。

在所有的神话中有一种神话清楚地说明了与自身相关的事实，这就是天地结合的神话。苍天与大地之间的结合确实发生过：但是如何发生的？只能通过代理人：代理人就是国王和王后，然后是所有的新郎和新娘。他们的拥抱就是上天拥抱大地。难道我们还没有解决所有的问题吗？一旦承认一个男人可以和太阳变成同一个存在物，那么其中一个的行为就等同于另一个的行为，这一时刻人们像描述太阳一样描述这个男人光辉灿烂、登上天界并赐予大地生机，下一时刻人们也会用描述人的方式描述太阳，他就有了头和四肢，有了房子和马车。这是一个双向的过程，人的太阳化和太阳的人性化[①]，这里没有任何未知心灵的神秘机制在起作用，而是全凭一个等式就够了：

男人 = 太阳

太阳不止被人性化，还会被动物化，或者为了更好地满足献祭仪式的要求，可以分享任何东西的本质，比如一匹马、一个轮 210
子、一个金盘或者祭坛上的一块砖，等等。

---

① 这两个词是马尔斯教授建议我使用的。

既然吠陀总是将人和自然现象交织在一起，因而是自发人格化理论的主要来源，我们就要首先将与之矛盾的人格化理论用于检验吠陀。在我们看来，人格化是长期艰苦的思维训练的逻辑结果，最终结果是通过被语言赋予力量的牺牲作为中间项将物与人联系在了一起。我们要分析的是《梨俱吠陀》第十八卷的第十四首赞美诗，这首诗隐晦地提到了因陀罗神对魔鬼那牟西（Namuci）的胜利：

> 13. 用水中的泡沫，你击碎了那牟西的头颅，哦，因陀罗，你征服了所有的敌人。
>
> 14. 在狂喜中飞升，哦，因陀罗，你登上天界：你摆脱了所有的魔鬼。
>
> 15. 集会的人们没有带来苏摩祭品，你让他们四散而去，你成为最伟大的苏摩饮者。

一位别具一格的梵文学者是这样评价这些诗句的："在我们看来，这首诗描述的是内陆湖上的龙卷风。这种可怕的东西很可能被当作是人格化的魔鬼……从湖面升起的水柱的顶端扭曲着爆裂开，把水喷溅向四方（*phenena*，指一大块充满泡沫的水团，伴随水柱的喷溅而出现，里面的水泡闪闪发光）。随着水柱消散，经常会大雨倾盆。"我们必须得承认这种解释非常勉强，除了什么都没解释之外，它令我们好奇的是，古代印度诗人究竟是如何形成这种关于龙卷风的怪诞概念的，说实话这比它宣称要解释的诗句要怪诞得多。提议如此解释上述诗句的作者自己也对此不甚满意，

觉得这也不过就是个提议罢了。 211

《百道梵书》引用了上述诗句，并且宣称知道相关神话的所有细节[1]:“那牟西，这个魔鬼，夺走了因陀罗的力气，他食物中的精华，以及他豪饮苏摩的乐趣。因陀罗跑到阿湿波和萨拉斯瓦蒂那里说:‘我已经向那牟西发誓，我既不会在白天也不会在晚上杀死他，既不用棍棒也不用弓箭杀死他，既不用手掌也不用拳头杀死他，既不用干的也不用湿的东西杀死他。他已经得到了我的誓言。’阿湿波和萨拉斯瓦蒂说:‘让我们也加入进来吧，我们一起来绕过这个誓言。’‘我们都分享这一誓言吧，想办法绕过它’，因陀罗说。阿湿波和萨拉斯瓦蒂喷洒水中的泡沫制成雷电，说道:‘这雷电既不是干的，也不是湿的。’因陀罗用这个武器砍掉了魔鬼那牟西的头颅，那时天已经蒙蒙亮，但太阳还未升起，他说:‘现在既不是白天也是不是黑夜。’因此诗人写道，‘用水中的泡沫，你击碎了那牟西的头颅，哦，因陀罗！’”

《百道梵书》中所说的“用泡沫”意思是“以泡沫为工具”，并解释说因陀罗用泡沫制成的雷电毁灭了那牟西。这听起来确实太荒诞了，但我们还是要先确定《百道梵书》赋予雷电这个词的确切意义。我们在很多案例当中都看到，雷电是一种仪式术语，可以用来称呼任何在献祭仪式中用于摧毁祭司的精神敌人、魔鬼及其人类代表之物。比如，净化过的酥油、三十二音节的诗句、铲子、刀剑、太阳、代表太阳的马，都可以被当作是雷电用来“拒斥邪恶的腐败”，“驱逐恶魔”。[2] 这个雷电看起来并非婆罗门

① xii. 7. 3.

② 《百道梵书》，iii. 4. 4. 6 ; vii. 2. 1. 17 ; vii. 2. 1. 15 ; vi. 3. 1. 29 和 39 ; v. 4. 3. 4。

的发明，甚至也不是雅利安入侵者的发明，其历史可能要早得多，
212 埃及法老就曾经挥舞过一根棍棒，他用这个棍棒敲一下，就可以将供品或者战俘献祭给神。[①]

《百道梵书》中所说的登上天界，并不是说一个人凭肉身登天。献祭的目的之一就是献祭者要用献祭的程式和圣歌建构一个神圣自我。凭借这个神圣身体一个人可以登于天界，变得不朽。正是在这个意义上，“他被圣化，位列众神”[②]。飞升是通过替代物实现的，当祭司沿着献祭仪式中的柱子飞升的时候，“临飞升之时，他对妻子说，‘来吧，我的妻子，跟我一起去天上’，当他到达柱子顶端的时候，他说，‘我们已经到了光芒之地，哦，是你们，众神’”[③]。因此，在印度仪式中，飞升到天界是一件再平常不过的事。上述诗句中飞升的人是因陀罗，因为祭司就是因陀罗。至于阿湿波神，他们是孪生神，他们是“祭司，治疗者”。他们是否是通过献祭仪式被人格化了，我们不得而知，但既然因陀罗、布里哈斯帕提及其他神灵都是人格化的，我们也就没有理由怀疑阿湿波是否被人格化。萨拉斯瓦蒂是话语，而话语，如果我们所见，具有创造性的力量。在所有的话语形式当中，三十二音节的诗句可以被当作仪式中的雷电[④]；献祭者可以“仅仅通过话语就消灭他的敌对者，将他逐出世界”。至于那牟西则是不幸，但他一方面是凶恶的，另一方面则有着苏摩——不死之饮——的本性，在

① 莫雷特，前引书，第 171、290 页。

②《百道梵书》，ix. 1. 2. 33；x. 5. 1. 5；x. 6. 5. 8。

③ 同上书，v. 2. 1. 10 及以下诸页。

④ 同上书，viii. 2. 1. 3；vii. 2. 4. 28。

他的头里“苏摩和血混为一体”。众神将这两种元素分开，要单独提取出苏摩，在他们压制苏摩汁的时候必须要默念，“苏摩王，不死之饮正在被压榨”[①]。最后，吠陀仪式还有一个特点值得注意，这 213
就是经常出现我称作中间性的用法，比如，苏摩是由一个阉人带来的，因为他既不是男人也不是女人，携带苏摩要用铅，因为它既非金又非铁，要用的烈酒，因为它既非苏摩又非白兰地。在古代印度人的观念里，苏摩，良善之神，人们追求他就是为了杀死他，所以，为了逃避杀死苏摩神的罪，人们就用这种方式进行交易，仿佛这交易根本没有发生过一样。在另外一个场景中，一小块祭品要被埋在干湿土壤交界之处，以便它既不是在地上，也不是在水中。[②]具备了这些知识，我们就能够解释那牟西神话的意义了，其中，包含在赞美诗中的部分我用了着重号：

由祭司扮演的因陀罗准备饮用就职礼中的苏摩，这会把他转变成一位神灵。但是，苏摩的精华已经被一位邪恶的魔鬼攫取了。为了重新获得苏摩，祭司必须打败敌对的魔鬼，但要这样做会犯下杀戮良善之神、不死灵药——苏摩的罪。为了避免这一罪过，他利用了中间性之物——泡沫，泡沫既不是湿的也不是干的，如此一来杀戮的行为就会被当作没有发生过。为了让泡沫变得有效，他必须用苏摩做奠酒以取得奥维斯神和话语之神的帮助，然后祭司背诵了三十二音节的诗句作为咒语给泡沫用药。**泡沫由此就变成了严格意义上的雷电，献祭者用它摧毁了所有邪恶的力量。他如此这般地净化过苏摩之后，饮下了它，他的精神在狂喜中登于天界变成了**

① 《百道梵书》，xii. 7. 3. 4。

② 同上书，v. 1. 2. 14 ; iii. 8. 5. 9。

一位神。没有喝苏摩的魔鬼（可能是由那些被排斥在献祭仪式之外的人扮演的）被撕碎撒向四方，献祭者变成了至高无上的王。①

214 显然《百道梵书》认为因陀罗最初的胜利是通过仪式取得的，在叙述完神话之后，该书继续说，“那牟西是邪恶的。因陀罗杀死了这个罪恶的敌手，并占有了他的生命力、他的力量。有敌手的人应该献祭善良的保护神——因陀罗的牺牲，这样就可以杀死罪恶的敌手并获得他的生命力和力量”。另外，我们还看到国王会用脚踢一块代表那牟西头颅的铅块，并且说道：“丢掉那牟西的头颅。”② 很明显，这个仪式是对原初仪式的重演。

《百道梵书》为什么是错的？该书的作者是那些编写赞美诗的诗人的继承者，他们更有可能对事实有所了解。我们只能说当其叙述与事实不相符时，该书并不知道；但当《百道梵书》提供的方向让我们在无需虚构任何我们无法确知古人做过或想过的事的情况下，就能理解赞美诗中的每一个句子的时候，我们没有权力更相信一种带来的困难比解决的问题更多的解释。我们可能觉得我们所偏爱的梵书的观念愚昧、夸张、迂腐，或者像你认为的那样，但不论荒唐与否，它们是曾被思考的思想，对于解决问题来说，总要好过那些我们无法确定是否真的被思考过的思想。

有了处理上述神话的经验，我们就可以尝试一个更加精细的个案了，这就是毗湿奴三大步跨过整个宇宙的故事，这个故事在

---

① 奇尔德斯，《巴利语词典》，解释了“苏摩饮者：神”（*mapo* : god）。

② 《百道梵书》，v. 4. 1. 9。

公元前七世纪就已经成为雕刻家偏爱的题材了。分析这一个案，我们要先从相对较晚的版本入手，逐渐追溯到早期的作品。在《罗摩衍那》（*Rāmāyana*）中描述的神话是这样的[①]："这里，啊，215
武装威严的罗摩，毗湿奴，众神都要尊敬你，留下吧，伟大的苦行者，为了修行和祈祷之便。这里，罗摩，是灵魂高贵的侏儒修行之地，被叫作'完美的静修处'。伟大的苦行者在这里变得完美。从前魔王巴利（Bali），毗卢遮那（Virocana）的儿子，曾经战胜诸神之主[②]，享有三界帝国[③]，陶醉于他不该占有的权力。此后，当巴利为了庆祝胜利而举行献祭的时候，因陀罗和其他众神，在这个隐修处满怀恐惧地对毗湿奴说，'巴利，毗卢遮那之子，正在举行献祭，他，强大的魔王，兴旺的魔鬼之主，将魔鬼们的欲望强加于世界万物。不论从哪个方向上来的请求，只要他听到，就会赐予任何所求之物。啊，毗湿奴，为了众神的利益，你是否愿意呈现出幽灵之状、侏儒之形，夺回我们的最高福祉……'毗湿奴听了众神的话，现出了侏儒之身，来到毗卢遮那之子的跟前，请求他赐予自己三步之地。得到魔王的应允之后，他现出巨大的身躯，三步者就这样占据了整个宇宙。第一步他占据了整个大地，第二步占据了无垠的空中，第三步占据了天界，啊，拉库（Raghu）的子孙。他让巴利从此定居在地下，他把三界帝国都交给了因陀罗，并驱逐了他的敌人。"

---

① 施莱格尔（Shlegel）编，i. 31. 2 及以下诸页；孟买版，i. 29. 2 及以下诸页；格雷西奥（Gorresio）编，i. 32. 2 及以下诸页；缪尔，iv. 130 及以下诸页，引用了前面三本书之外，还给出了许多其他的参考文献。

② 因陀罗。

③ 大地，空中，天界。

毗湿奴的三步，七塔

感谢印度考古学会总干事允许使用本图

这是我们从本研究开始的时候就熟悉的一个神话类型，一个真正的故事，而不是由行为、仪式和自然现象混合而成的合奏。这个故事与我们从小就听到的希腊神话更加相近，因此我们也习惯于认为这是一种完美的类型。然而，尽管它更接近于一出真正
216 的戏剧，但它确实不是，它是由人以身体、话语和思想等人类方式扮演的戏剧，但又不是那么具有人类特征，其中很多人不可能做到的事令人震惊，也使得这个故事不是一个好故事。这个故事已经足够我们去尝试分析和想象它的全部，但仍旧不能够让我们的想象变得足够轻松和流畅。在《薄伽梵往事书》（*Bhāgavata Purāra*）当中，这些缺陷被进一步放大了。全文引述太冗长和乏

味了，这里只引述雕刻中描述的关键时刻：“无限大的诃利（Hari，即毗湿奴）的侏儒一般的身体，由三种品质构成，变得极大无比，这个身体是由大地、空气、罗盘上的方向，天空、深渊、海洋、野兽、男人、众神和圣人等构成的……第一步他横跨了巴利的大地，用身体一直填满到了云端，他的手臂一直伸展到四方极远之处。他第二步跨越了天界，第三步跨过之后，宇宙已经没有余下任何一丁点空间。阔步之神的双脚一直向上、向上，直到超越了圣人与仙人的玛哈尔（Mahar）、自由凡人的佳那诃（Jana）和精神与意识力量的塔帕斯（Tapas）等诸世界。”这段叙述是一个怪异的巨物（即使是最糟糕的印度教也无法做到）；它有意让我们想象人类的心灵之眼无法看到的东西，这幅场景中的元素根本无法被组合在一起。

我们现在回到《百道梵书》，它是这样叙述这个故事的[①]：

“众神和魔鬼们都是生主的后裔，他们相互竞争，结果众神可以说是被击败了。这时魔鬼们想，‘这个世界现在肯定是属于我们了。’他们说，‘来吧，我们把大地分了吧，分了以后，我们就靠它生存。’他们继续用牛皮从西向东分割大地。众神听说了这件事，‘魔鬼们正在分割大地，来吧，我们应该去魔鬼分割大地的地方，如果我们不能分得一部分，以后我们怎么办？’他们头顶毗
湿奴、牺牲，出发了。他们说：‘给我们一块大地，我们也要分得 217
一份。’魔鬼们嘟囔着，仿佛说，‘让毗湿奴躺在地上，他压住的地方多大，我们就给多大。’现在，毗湿奴还是侏儒状。众神并没有因此被冒犯。‘他们已经给了我们很多，他们给了我们牺牲能够

① i. 2. 5.

覆盖的大地，’他们说道。他们把毗湿奴放下，并围绕着他念诵起诗歌，在南方念道，‘我用大地之歌（*gayatra*）环绕你，’在西方念道，‘我用大气之歌（*tristubh*）环绕你，’在北方念道，‘我用天界之歌（*jagata*）环绕你。’在所有的方向上都用诗歌环绕了他，并在东方点起火堆之后，他们继续吟唱赞美诗并进行苦行。通过这些方式，他们获得了整个大地；而且由于他们用这种方式获得了整个大地，所以祭坛的名字就叫作封闭的环（*vedi*）。之所以会有这样的说法，‘祭坛有多大，大地就有多大，’是因为众神是利用祭坛获得整个大地的。他了解这一点，并从对手那里占有了整个大地，并拒绝与对手分享。”

这里《百道梵书》再次认为这场竞争就是一个仪式，这场战斗“开始于一个人献了第一份祭品的时候，不论两个争斗者哪一个被打败，战败者都肯定要退下”[①]。这场魔法战争就是仪式的原型，而这个仪式在《百道梵书》写作的时候仍旧在举行，为了理解该书作者的观点，我们必须要描述这场仪式。[②]祭司拿着一个盛有圣火的盘子，这圣火就代表毗湿奴，他“迈着毗湿奴的步伐。因为诸神曾经变成毗湿奴并跨越了三界。他们变成毗湿奴之后迈出了步伐，因此这些步伐就是毗湿奴的步伐。因此祭司变成毗湿奴之后，也跨过了三界。11. 他是毗湿奴，他也是牺牲。他是牺牲，也是盘子里面
218 的圣火。众神已经将他（火）变成了他们自己（的身体？）并跨越了三界。献祭者也一样将火变成了自己，跨越了三界。12. 他面朝东北而立，因为生主就曾经面朝东北，通过毗湿奴的三步创造了世

① 《百道梵书》，i. 5. 3. 6，参见 i. 5. 4. 6。

② vi. 7. 2. 10 及以下诸页。

间万物”。接下来，他也跨出了三步；第一步他被认为跨越了大地；第二步跨越了空气；第三步跨越了天界。最后，献祭者已经成为因陀罗，现在又成为毗湿奴，所以他就变成了一对双神因陀罗-毗湿奴。由于祭司要变成牺牲的法则，他变成了毗湿奴。但毗湿奴也是盘中的圣火，而献祭仪式中的圣火又是太阳的代理人。在把自己和太阳同一化之后，他象征性地以三步从大地飞升到天界，甚至像太阳一样，战胜他的敌人——黑暗的力量，他占有了整个宇宙。神圣国王，祭司的前身，在最初也是这样做的。

我们是否要考虑，把仪式进行概念化的做法是由于梵书作者的心智结构不恰当而扭曲了神话的结果，而《罗摩衍那》那种将戏剧进行概念化的方式才是正确的？我们需要非常充足的理由才能这么做。梵书的出现要早得多，在没有相反的证据的情况下，只能认为它反映了更加古老的观点。梵书写于旧式崇拜鼎盛时期，所以才会包含如此丰富的细节，引起的反应才会如此强烈。这里所说的反应指的是佛教，其对于印度来说就像清教之于英格兰。仪式和神话都名誉扫地，道德伦理才最引人注目。《罗摩衍那》无疑是来自比佛教更加深远的传统，但直到伦理运动打破旧宗教的时候，该书才被落成文字形式，而这时旧宗教的残余物已经被注入了全新的精神而再获生机。我们也曾经通过牛津运动时期的写 219
作来寻找中世纪基督教的第一手信息，就像现在通过《罗摩衍那》来探寻前佛教时期的婆罗门教一样。那时，一切人和事都支持以《百道梵书》的主张作为最接近原初形态的代表。最终的判断一定是依赖《梨俱吠陀》，人们通常都认可这是已知最古老的印度信仰形式的表述。不幸的是，赞美诗总是含混不清的，我们能做的就只是把这些诗歌中的暗示都收集在一起，看看仪式和史诗究竟哪个才能最恰当地适用于神话分析。

第一卷的第二十二首赞美诗，从第十六节开始，提供了最为充分的参考资料。“毗湿奴就是从这里开始迈步跨越大地的七个区域的，众神也将从这个开始给我们护佑。毗湿奴跨越了整个世界。他曾在三个地方留下了尘封的脚印。毗湿奴，不可侵犯的保护者，他跨出了三步，支撑着法律。目睹毗湿奴的仪式，因陀罗的亲密伙伴理解了法令的意义。献祭者看到的毗湿奴的最高一步，仿佛是一只固定在天上的眼睛。诗人们欢喜、无眠，为毗湿奴的最高一步激动不已。”第四卷第六十九首赞美诗的第五节表明，因陀罗和毗湿奴作为一对双神共同迈出了三步：“因陀罗–毗湿奴，你们的功绩将被颂扬，在饮用苏摩的狂喜中，你们阔步前行，你们让空中更加宽广，你们扩大了我们赖以生存的空气的范围。”这三步也由此和天空的抬升有了关系。同样的联结因陀罗和毗湿奴，并抬升天空的情节也出现在第八卷的第八十九首赞美诗的第十二节当中：“亲爱的毗湿奴，阔步前行。天空也要给雷电让出空间。让我们杀死弗栗多（Vṛitra），让我们释放河流，让河流在因陀罗的推动下被释放，从此奔流不息。”这里，因陀罗杀死巨蛇弗栗多的
220 传说被作为抬升天空的续篇加入了进来。[①]

① 缪尔在他的《梵文文本》，第四章第 63 页中曾经收集了《梨俱吠陀》所有提到毗湿奴的段落。他的翻译肯定受到了我们对神话的态度的影响。现存的翻译都受到了自然主义理论的影响。如果仪式主义能够提供一种更加易懂更不勉强的翻译，那它肯定就是对的。它在对那牟西神话的“泡沫”的分析中做到了这一点，在这里引述的第一段中再次这样做了。缪尔翻译的“从这里开始护佑我们”似乎没有任何意义；看看文本中的阐释就知道了。“仪式”似乎比功绩更为适用，一个人不会从功绩中理解法令，但从仪式中可以。

《梨俱吠陀》认为因陀罗和毗湿奴在跨越三步的时候是紧密结合在一起的。《百道梵书》保留了这个特征，而《罗摩衍那》则将其丢失了。从这一点可以断定，《百道梵书》更接近原初状况。为什么《罗摩衍那》将因陀罗排斥出来？通常的原因是，它不再理解原初的情况了。《百道梵书》保留了因陀罗，是因为他在戏剧中的角色是清楚明白的：因陀罗——献祭者，携带着毗湿奴——盛有圣火的盘子，既然献祭者会与牺牲合二为一，因陀罗和毗湿奴也就会合成一个。如果我们假设上文中从《梨俱吠陀》引述的第一段是一首与《百道梵书》所描述的仪式相伴随的赞美诗的话——就像我们的圣餐赞美诗总是在圣餐时吟唱，假如我们依据仪式来阐释那些诗句，就像根据其暗指的仪式来理解圣餐赞美诗一样，文本的晦涩难懂之处就全部都消失了，我们也就能够得出如下的看法。当献祭者准备迈出三步的时候，唱歌的人恳求诸神的帮助，这样原属的仪式就被成功地再现了出来。歌唱者描述了原初的仪式，这对于正在举行的仪式一如最后的晚餐之于弥撒一样；被献祭者带来的牺牲尽其所能，跨越了神圣的大地，以此确认了规范整个宇宙的法则。最后一步将太阳固定在天上，所以最 221
后一步就是太阳，要说诗人们激发了最高一步，尽管在诗意上是不恰当的，但在理论是却是正确的。

在这首赞美诗中，太阳先后呈现为毗湿奴、因陀罗、眼睛和最后一步。自发人格化的理论没有对这种显然的不一致性提供任何解释。如果原始人确实生来就倾向于用人类的术语来描述一切，那他为什么会选择这种极为令人痛苦的方式将隐喻都混杂在一起？而另一方面，《百道梵书》的献祭说却能够完全将这一过程正当化：每一个同一性关系都是完全正确的，将这些隐喻都混杂在一起或许是糟糕的诗歌：但却是完美的教义。

要理解古代诗人的观点，我们必须用双眼反观自己的灵魂，在那里，也许我们可以发现自己思考和表达的方法和吠陀歌者并没有多大不同。我已经用我们自己的赞美诗作类比，以帮助我们理解那些古代诗歌。让我们举一个具体的例子。《古今圣诗集》第 310 首用一连串的排比来描述基督：

> 符合古代类型的真理，
> 被缚的以撒，牺牲的愿望，
> 给与父亲们的玛纳。
> 面包，善良的牧羊人，看护我们，
> 耶稣，以你的爱善待我们。

这些隐喻的排比——如果我们可以这样称呼它们的话，甚至比吠陀更加令人迷惑：真理、以撒、玛纳、面包、牧羊人。也许在印度人看来，疯人院里面的一群病人的瞎扯跟这些诗句比起来，也不会显得更不协调。但我们自己从来不觉得这首赞美诗的作者是个疯子，反而甚至觉得他具有运用拟人修辞的特殊天分。为什
222 么？因为我们确切地知道他在说什么，我们知道他的诗句是圣经传说、基督教仪式和教义的极度浓缩，听众们应该对所有这一切都非常熟悉。这并不会让这首诗成为佳品，但确实让他寓意丰满。我们为什么要用完全不同的方法来处理吠陀，尤其是这一方法所得之结论令人最不满意的时候？

对少数几则吠陀神话[1]的分析强化了我们一开始提出的看法，太阳、月亮、群星以及其他天上地下的物体的人格和人的行为都是来自他们的人类代表。得胜的太阳有手臂是因为献祭者是因陀罗，就是得胜的太阳，他有手臂；得胜的太阳砍掉了那牟西的脑袋，是因为献祭者砍掉了那牟西的脑袋。毗湿奴作为牺牲迈出了三步是因为持着火盘，也就是毗湿奴的祭司迈了三步。

比耶稣基督早五百年的耶斯迦在他的作品《尼录多》中似乎已经得出了类似的结论。耶斯迦的观点最值得重视，因为他不是一个寻找失落宗教的现代人，而是一个古老传统的继承者。耶斯迦当时肯定没有考虑过他的同时代人有什么使用拟人修辞的格外天分，显然他自己也没有，也没人教给他如何在古代诗人当中去发现这种天分。在最低程度上，他似乎并没有认为诸神被表现为做着人类之事、有着人类外形的样子是显然的和不可避免的，他花了很长的篇幅来解释这一点，我将直接引用他的话。[2]“现在来讨论我们如何思考神灵的样子。其中一种方法是认为他们都具有人形；因为他们都被设想为充满智慧的存在，而且人们跟他们说话；而且，他们也被赞美拥有人一样的四肢，比如‘令人赞叹，223
啊，因陀罗，你的手臂，多么威严。’‘当你抓住两个世界的时候，它们显得就是那么一小把，啊，慷慨的神。’诸神还被赋予了人才有的一些对象，比如‘来吧，因陀罗，乘着黄褐色的骏马。’‘一位美丽的妻子在您的房里，房中充满欢乐。’诸神还像人一样行动，比如‘吃吧，啊，因陀罗，请引用置于你面前的琼浆。’‘您

① 另外两则神话的讨论见《锡兰科学杂志》，G 分部，第 1 卷第 3 部分。

② vii. 6；缪尔，iv，第 157 页。

用耳倾听，听我们的祈祷。’另外一种方式是以非人的形式想象神。而且，人们见到的神的样子，就是非人的形象，比如火、风、太阳、大地、月亮。就像他们被颂扬为智慧的存在的表述一样，没有感觉的物也会被颂扬……或者认为诸神两者兼备，或者当他们呈现出人的样子时，那可能是他们为了行动的目的而采用的阿特曼（*ātman*），即化身，一如牺牲是献祭者的阿特曼或化身：这也是人们表述神的手段。”

我们从上文中看到，火、风、太阳等并不是神，而是人们看到的神的样子。神究竟是什么并不清楚，但可以确定的是，他们没有人格而且是非物质的。但他们可以为了表述的目的而被设想成人的样子。在这种情况下，人的样子只是神为了行动的目的采用的一个化身，就像献祭者将自己化身于牺牲以达到目的一样。可惜的是，最后一个比较项，虽然准确表达了耶斯迦所思考的阿特曼，或者神的化身是多么重要，但其自身却要比它要解释的过程更加含混，除非我们能够理解古代印度人关于献祭和阿特曼的教义。我们在第十六章已经用了一定的篇幅反复提到和阐述这一教义。我们应该还记得，献祭的目的是要让人的小宇宙和宏观宇
224 宙通过献祭彼此相遇并联结，最终变成同一个；献祭者把牺牲变成阿特曼、身体或者另一个自我，反过来献祭者也变成牺牲的阿特曼、身体或另一个自我。[①] 牺牲还是世间万物和所有神灵的另一个自我。这另一个自我不是与生俱来的，而是获得的，即使神灵也不会从一开始就具有另一个自我，更不用说凡人了；仅仅是通

① 《百道梵书》，iv. 3. 4. 5；ix. 5. 2. 16。

过孜孜不倦地吟唱赞美诗和修习苦行，他们就可以在火-祭坛中获得另一个不朽的身体。[①]

为了能够理解古代信仰并产生共鸣，考察我们自己的信仰总是有好处的。圣餐面包是基督的身体，一个神秘的身体。它通过表演规定的礼仪而变成基督的身体。但基督是牺牲。通过这个身体，领圣餐者将自己与作为牺牲的神联系在一起，也由此参与了他不朽的生命。基督教的圣餐面包和吠陀祭司的阿特曼竟然如此相似，我们必须谨防不要嘲笑其中的任何一个，以防连带谴责了另外一个。

耶斯迦认为神灵的人格不过是一个神秘的身体或者另一个自我，一个后天获得的自我，其对于神灵来说就像牺牲对于举行献祭的人一样。这只不过是更加有技巧地，可能也是更精确地表达了我们在一开始的时候就更加直白地说出的观点：除了他们化身于其中的人之外，神灵是没有人格的，如果一尊神思考、说话、挥动武器并乘坐马车，那是因为与之同一的那个人思考、说话、挥动武器并乘坐马车。

或许，如果我们以自己的案例重演人格化过程，把古代印度人的前提应用于我们自身并由此推导出合乎情理的结论，我们就
会更好获得更通透的理解。我们可以设想一下，我们的君主和国 225
王乔治五世，接受了涂油礼和其他相关的礼仪变成了太阳神的另一个自我，他的妻子变成了大地女神，他的领主们变成了各种次要的神灵。接下来我们读到的宫廷新闻大概就是这样的：“今早，

① 《百道梵书》，ii. 2. 2. 7 及下页；xiv. 3. 2. 1。

有着玫瑰指尖的曙光打开了太阳寝宫的大门，他在自己的光芒中升起；他走出寝宫挥舞着雷电，驱走了魔鬼，让太阳升起，普照四方。神灵们聚集在一起，唱起胜利者的颂歌，胜利者的光彩让所有看到他的人都目眩神迷，竟至于不敢直视。之后，他跨越了三个世界，并在第三步时将白日之眼固定在天上。大地也来向他致以问候，大家一起登上黄褐色骏马拉着的马车，他驱动闪光的车轮飞驰过天界的穹顶向世界的四方驶去。”无需任何的注释说明或者是关于我们宗教的知识，一个火星人都知道这是诗意的流露；他可能会认为我们拥有一种离奇的和匪夷所思的拟人化天赋，能像弥达斯（Midas）点石成金一样将所有的自然之物都变成人格化的。而事实上，宫廷新闻要表达的不过是，一位侍女，作为黎明的人格化代表，在天蒙蒙亮的时候打开国王的寝宫大门，请他举行每日的仪式，以便安排太阳运行的时间。国王走出来，并用权杖击打供品以将其圣化，黑暗的力量由此被杀死，太阳照常升起，照耀大地。宫廷官员代表着世界四方的诸神，唱道：“神佑吾王！”同时，他们遮起双眼，回避国王如初升太阳般发出的刺眼光芒。之后，国王拿起一个代表着太阳的火盆，走了三步，这代表着太阳从地平线到天顶最高点的轨迹。之后，王后前来向国王
226 致意。他们一起登上太阳的金色马车，其车轮代表着太阳的光盘，上面镶满了熠熠生辉的黄金和珍稀的宝石。他们顺时针绕行整个王城。

其实根本没有必要去设想这些，在讨论漂浮奇迹的时候，我们在塔希提遇到过非常相似的情况。我们可以看到，人们总是假设国王就是太阳神，光和雷电之源，并用自然现象的术语来称呼

所有国王的行为和所有之物。一个不可弥补的遗憾是，传教士只给我们描述了塔希提礼仪的概要，而没有给我们留下宫廷语言的逐字记录的样本；否则，我们就会拥有一份除了诗学的才华和技巧之外，可以与《梨俱吠陀》的相关段落媲美的详细记载。

所以，不论在我们所研究区域的核心还是最东部的边缘地带，我们都不得不承认，诸神的人格并不是来自于任何已经灭绝的不可理解的心智过程，而是来自最为常见的一种心智过程，即相信人可以变成神的另一个自我。然而，我们不能把这个结论推展到我们研究区域的西部边缘，除非我们找到了来自这个区域的证据。埃及和巴比伦的记录比最早的印度材料在时间上还要古老很多，因此它们的证据对于研究宗教的起源非常关键。不幸的是，要清理这些记录实在是太过困难和艰苦，对于非专业的人来说，要讨论这些材料中的宗教问题十分危险。他能做的就是从别人已有的关于这些区域的研究中获得些启发。那些宗教的历史仍旧有待书写，其主题是如此宽泛，我们甚至怀疑在我们的时代是否能够看到有人写得出来。[①] 目前我们能做的就是表明那些在印度使得人格 227
神从自然现象中产生出来的条件在埃及和巴比伦也是一样存在的。这两个国家都有神圣国王，至少在埃及，人们以最严密的逻辑为基础坚持了国王与太阳之间的同一性。在这两个国家，代表自然界各个部分的人们模仿着天文现象。至少在埃及，非物质的自我这一概念是广为人知的，沃利斯·巴奇先生称之为阿特曼·萨哈（*ātman saḥu*），他说：“如果指定的祭司适时地为死者念诵了规定

---

① 确实已经有人写出了些手册，但这些基本上都是站在反祭司的和理性的立场上进行书写的。它们的价值可能很伟大，但偏见也很严重。

龙达尼尼·美杜莎（**Rondanini Medusa**）

珀尔修斯（**Perseus**）和美杜莎，来自赛里努斯（**Selinus**）

的祈祷词，并完美地举行了相应的仪式，那么死者就会获得从自身产生非物质身体——即萨哈（*sāḥu*）——的能力，萨哈可以登上天界，与诸神同住。”[①] 除了埃及和巴比伦以外，我只能留给专家们去检验耶斯迦的理论在多大程度上适用于其他各个地方的事实了。

罗马人的案例直接反对自发人格化的理论。罗马宗教的一个显著特征就是它的神灵都没有人格，直到他们各自与希腊的某位人格神建立起同一性并接受了后者的人格和神话之前，他们的行为也没有变成任何叙事的主题。如果人格化是原始思维的天然趋势，为什么罗马人反而是从希腊人那里学到的这种艺术？

至于凯尔特人和日耳曼人的神话，都是在罗马帝国到处传播被希腊人加工得尽善尽美的史诗神话之后很久，才被我们所知的。

人们不禁要问，这些恶作剧是否全都是希腊人的杰作，希腊人是否要为误导我们的神话学学生负责。我们从很小就开始学习并吸收希腊神话的思想，而且从小学习的东西已经变成了第二天性。希腊的人格神对我们来说是这个世界上最自然而然的事：宙 228
斯主持众神的会议自然而然，雅典娜手持长矛与盾牌为希腊人而战自然而然，赫尔墨斯穿上带翅膀的鞋子凌波而行自然而然。史诗神话是我们最早熟悉的知识，我们将其作为标准，指责所有不够流畅合理的叙述都是非理性心灵的荒诞的胡扯。

事实上，在荷马之前几乎没有什么神话是叙述流畅合情合理的。非常重要的一点是，在希腊人深入影响印度人的艺术之

---

① 《死者之书》，lviii。

前，史诗并没有在印度发展起来。因此可以断定，希腊神话根本不是什么标准，而是一种例外，是希腊艺术天才们的创造。在希腊，艺术占据着支配性情感的地位，为了追求艺术，希腊人随时准备牺牲历史的真实。神学上的精确性与诗歌的优美并不总是一致的：有时两者是相容的，但更多时候诗歌会阻碍对神学上的精确性的追求。“优雅的谎言”随时都准备牺牲神学。怪诞的、在解剖学上不可能存在的魔鬼很早以前就被从希腊艺术中排除掉了。他们对待蛇发女怪戈尔贡（Gorgon）的方式就是一种典型的方法：古老的赛里努斯的美杜莎仍旧包含了传统描述的各种恐怖的特征，我们只是对之报以一笑，因为这种形式根本就是不可能的。在古典艺术当中，传统被牺牲掉了，美杜莎变成了完全的人的形状，一副美丽又令人恐惧的画面；而魔鬼性的特征就只保留了蛇形的头发和翅膀，但谨慎地避免冲击我们的审美观念，希腊人通过将头部的顶端扩大并使其看起来好像朝我们盘旋而来，以提高美杜莎的头的恐怖效果。希腊人处理起神话来简直肆无忌惮：他们彻底地砍掉了所有
229 在叙事中碍手碍脚的部分，而没有损伤叙事的可信性。

我们可以通过与公元纪元时期的印度人如何胆怯地遵循先例相比较，来衡量希腊人在神话中创造的变革是何其重大。印度人开始讲一个故事，但他们讲述得一丝不苟，完全不会为了讲一个好故事而砍掉神话里的任何元素。如此一来，他们就陷入了历史的精确性和艺术的真实性之间的夹缝里。当毗湿奴只是一个无形体的牺牲的时候，他们给了他一个身体，但还继续相信他包含了整个世界。他们给了他腿，但却忘了要缩小他凭双腿要跨越的空间的尺度。人们一直想在不冒犯古代教条的前提下创造出一个好

故事，而结果却是左支右绌，难以一致。令人奇怪的是，人们曾经把这种不一致性看作是印度人如热带雨林般迅猛生长的想象力的证据——人们总以为印度人生活在热带雨林当中，实际上并不是；事实上，这种不一致性只是证明了印度人的想象力既不鲜活，也不够大胆，不可能为了艺术而放弃教条。但如果恪守神学传统会带来糟糕的艺术和文学，它也为研究古代信仰的性质提供了价值不可估量的证据。在我们赖以研究国王与神灵起源的文献当中，印度人的写作总是排在第一位的。

印度人已经帮我们认识到，神灵自身不具备人格性，他们呈现出来的人格性都是从其人间的代表那里借用的。印度的经验还能够启发我们对非人格神本质的认识吗？耶斯迦说得很清楚，这些非人格的神灵在他看来不是太阳、月亮、风或者其他什么东西，这些物只是神灵可见的形态。毫无疑问，耶斯迦的这种看法只是保留了印度人最初的观点。如果太阳神最初只是我们看到的一个火球，我们怎样解释不只是印度，包括近东也有好几个太阳神肩 230
并肩，并被赋予了各自不同的特征和性格？这些太阳神包括了征服的太阳、驱动的或者赐予能量的太阳、给予法律的太阳，等等。这些太阳神都不是太阳本身，而是太阳的某个侧面，他们代表了太阳所具有的品质的集合。另外，我们发现从最早的时代开始，整个东方的各种神灵就是彼此交融的；一个神和另一个神没什么差别，所有的神灵也都是差不多的，所以火就是所有的神灵，苏摩就是所有的神灵，因陀罗就是所有的神灵。[①] 麦克斯·缪勒

① 《百道梵书》，i. 6. 3. 22；i. 6. 2. 8；iii. 4. 2. 3。

（Max Müller）很早以前将这种现象称为单一神论（henotheism），如果这些神灵除了物什么都不是，那么单一神论就会始终是而且终将是一个谜团。如果阿耆尼就只是祭坛上熊熊燃烧的火焰，而因陀罗只是太阳，他们俩怎么可能是一样的？更有可能的是，他们俩都是诸如热、光、能够制造阴影等一系列物的本质并借此联系在一起。不幸的是，我们所掌握的最早的记录虽然让读者熟悉了诸神的本质，但却和现代赞美诗或普通祈祷书一样，并没有具体界定神的本质。我们只能靠推理，但推理很难解决如此深奥的问题。关于印度我们现在能说的是，神灵的最早形式是类似于柏拉图的理念一样的概念或者观念，人们研究神灵只是为了农业实践，而从来都不是抽象地探索人类知识的基础。

当我们转向埃及寻求确证时，却遭遇到一个巨大的困难，埃及学家并不接受宗教按照时间顺序发展出各个阶段的观点。其中一些人明确认为对太阳的崇拜出现得更早，而以奥西里斯为代表的死者崇拜则要更晚，这也和印度最早的神灵都是纯粹简单的自然神、其起源与死亡没有丝毫关系是相一致的。其他一些人则认
231 为死者崇拜是先出现的，接下来才是太阳崇拜。这种情况下，我们自能让专家们继续去争论出个结果，但旁观者也可以选择站在太阳神论的支持者一方，并说明相信他们会最终获胜的理由。

关于人为什么要崇拜死者，到现在为止并没有令人满意的解释，这种现象看起来如此“自然而然”，似乎就不需要找到什么原因。但我们早就拒绝把“自然而然”这个词放到我们的词汇表里面：这个词就是历史科学的麻醉剂，它麻醉了调查的精神，使其不能在追寻原因的研究过程中发挥作用。使用“自然而然”这个

词就意味着承认失败。也许我们现阶段还是不能解释自然神的兴起；我们的科学也许还不够发达；但既然到中世纪为止，个体与种类、特殊与一般、数量与本质等问题一直烦扰着哲学家的头脑甚至刺激着今天的大学生去思考，所有这些可以让我们对自然神兴起的过程形成一些想法。我们还可以观察到一种非常具有实践意义的诱因推动了对神灵的研究，即人们渴望通过神的本质和呈现来控制农业共同体赖以生存的自然的力量。

要从死者的灵魂中推导自然神是非常困难的。假设我们已经知道灵魂在人死亡之后仍旧存在这一观念是如何发生的，我们仍旧需要说明灵魂是如何附着在自然现象上面的。然而，如果首先给定通过以类似于我们在逻辑学课程中看到的程序构想出来的自然-神崇拜，我们就能够特别容易地推导出祖先崇拜。太阳-神，作为太阳的本质，已经通过牺牲附着于一个人，它已经变成了他 232
的另一个自我，他的灵魂。当这个人死了，这个灵魂就会通过另一个牺牲传递给他的继任者。这样，太阳-神，一个王朝缔造者的灵魂就一代代地传递下去了。忘掉这个灵魂是太阳的副本而不是祖先生来就固有的组成部分，你就会发现你自己在崇拜死者的灵魂和他活着的化身。在斐济人身上似乎就发生这类事情。就像我们在第一章中解释过的，斐济人如今崇拜多神、鬼魂和称为“精灵”的无差别的小妖精。在日常交流中泛泛提到超自然存在时，他们既不区分也不会倾向于任何一个类别；只有当你挑出某个个体化的精灵时，他们通常才会将其划分到他们所谓的祖先精灵、灵魂精灵和小精灵三个范畴当中的一个。他们非常确定祖先精灵与灵魂精灵不同，前者不是人，而是“最初的祖先”；而很明显的是，神是氏族的祖先，而且确实经常以这个身份出现在谱系当中，那怎么能说他不是人或者曾经不是人呢？他们与父亲的、祖父的或者曾祖父的精灵究竟哪里不同？你在斐济是得不到令人满意的答案的，他们没办法给出一个确切说法，因为造成这种区别的特殊观念已经丢失了。这一观念我以为就是神的本质来自天上：他最初是太阳、月亮或者天空的副本，在任何意义上讲，都不是一个人，是“最初的精灵”而不是一个必死之人的灵魂。我们在第一章已经给出了天空起源说的证据，所以这里简述的过程也不完全是推测而来。在新赫布里底群岛，这是一个确定的事实；那里的人还保留着波利尼西亚伟大的天空、月亮和雷电之神塔纳罗阿（Tanaloa）或者塔卡若阿（Takaroa）的记忆，虽然其天空的本性已经被裁剪掉了，但还是有一个神话表
233 明他生活在天上。[①] 我们应该还记得，在班克斯群岛关于死者的秘密崇拜仪式中出现的太阳符号，作为遗存已经没有什么具体意义了。[②]

把神灵从自然现象中剥离出来的结果是产生了一种非常类似于希腊神话的理性化的神话。太阳、它的人类代表以及它在大地上的对应物，比如轮子或者金盘子之间原本一直存在的混淆，现在彻底消失了，自然物全部都被剥离了出去，只有人被保留了下来。斐济人的神话里从始至终只有人，因此尽管是残缺不全的，但仍旧是可信的。第十五章提到的康巴拉传说就是典型的斐济式

---

① 科德林顿，《美拉尼西亚人》，168 及以下诸页，第 369 页；特里盖尔，《比较毛利语词典》，词条“*Tangaroa*”。

② 本书第 144 页。

的：其中的角色和希腊神话里面的众神一样只是人，他们与凡人之间的区别完全在于远非凡人可企及的伟大功绩。下面这个例子就很典型。

奥尼阿塔（Oneata）岛上蚊子非常多。早年间这里并没有蚊子，反而是康巴拉蚊子多。康巴拉的神来问奥尼阿塔的神，“你想不想要我的昆虫？”奥尼阿塔的神问道：“什么昆虫？”康巴拉的神回答说：“每天早晨叫醒我的那种昆虫。”奥尼阿塔的神说：“那你去拿来吧。”康巴拉的神回去拿来了蚊子并用芭蕉叶包裹好。奥尼阿塔的神到沼泽地里采集了淡水贝类，交给了康巴拉的神。当奥尼阿塔的神打开芭蕉叶的时候，蚊子飞了出来。他去睡觉的时候，蚊子就一直咬他。他醒过来自言自语道：“康巴拉的神就是个恶棍。”他追上康巴拉的神对他说：“你就是个恶棍。”“为什么？”康巴拉的神问。“就因为你给我蚊子，”奥尼阿塔的神说，“我的贝类在哪里？”康巴拉的神回答说：“你自己去找吧。”奥尼阿塔的 234
神四下寻找，终究还是没有找到，所以蚊子就留在了奥尼阿塔。这就是为什么奥尼阿塔有很多淡水贝类但里面没有肉的原因，肉都在康巴拉，而且那里没有蚊子。

甚至可以说，斐济人消灭神话里的幻想元素比希腊人还要彻底。斐济人很少还有什么传说比上面两个例子更离奇了。我们从没听说哪个斐济的神是从另外一个神的大腿里或者额头上生出来的，或者其他如此粗鄙的荒谬故事，希腊人曾经被迫将自己神话里类似的表述都解释成了寓言。出现这种现象的原因是斐济人似乎通过一条与希腊人不同的道路实现了神话的人文化。艺术气息和好奇的精神在希腊人改造他们继承的传说时扮演了重要的角色。

而另一方面，斐济人心智单纯、实事求是，他们从伟大的亚洲大陆的活跃的精神生活中分离出来，既没有特殊化的发展，也缺乏有组织的教育。因此，要让他们保留艰深的教理和基于此的精致仪式是不可能的，神话不过就是这些教理和仪式的记录，所以也经历了同样的简化过程。

从太阳崇拜到祖先崇拜、从太阳神话到英雄传说的转变既然如此轻易，那么在世界各地都曾经独立发生祖先崇拜也就不让人感到奇怪了。只要神圣王权的旧式宗教蔓延到了民众当中，而民众又无法抓住其根本信条，祖先崇拜就几乎是无可避免的。因此，只要研究世界各地的死者崇拜的各种形式之结构，我们就能够确
235 定它们是否来自同一个祖先崇拜的源头，或者各个现象群是否只是神圣国王宗教的各自独立的衍生物。

古代创世仪典和就职礼让一个圣化的人获得了永不消失的天空、大地或者大气的本质、形式或者副本，从而赋予他一个不朽的灵魂。当圣化的机制扩展到所有社会阶层的时候，所有人也就都具有了灵魂。人们通常以为，灵魂从被发现的那一刻起就是所有人都普遍拥有的财富。果真如此的话，怎么解释马里纳所说的，汤加的平民没有灵魂？又怎么解释斐济人说小孩没有灵魂——他们将我们的表述“我那时太年轻了，不记得那些事”翻译成“我那时还没有跟这些事有关的灵魂”？这些材料已经足够说明，一个人并不被认为天生就有灵魂，而我们得去解释他是如何获得灵魂的。我怀着无比的信心确信当田野工作者开始注意这些问题时，我们就会发现，人是通过成年礼或者某种形式的圣化礼才第一次获得灵魂的。

第十九章
尾　声

本书的这些研究最开始的时候都很随意，目的只是为了满足探寻原因的好奇心，却一直把我们带回到神圣国王制度，并逐步展示了这一制度的各个侧面，神圣国王既不是一个孤立的主题，也不是一些观念偶然的混合物，而是许多彼此相互依赖的组成部分的有机结合。就像一个由血肉构成的有机体，不同的部分可能会保持不变，或者由于发展而改变了与其他部分的比例关系，或者因衰退而消失，或者为了适应新环境的需要而发生彻底的改变以至于难以识别，同样地，在我们称作神圣王权的社会结构中，不同的组成部分也会保持不变、扩张、萎缩，或者失去旧有的功能却保留了原有的形式而获得了新的功能；然而透过所有这些变化，我们仍旧能够识别出相同的结构。当形式彻底改变的时候，我们通常只能凭借某个部分与其他部分的关系以及这个部分自身内在的结构来识别它——每个部分都可以再解剖成更小的组成部分。 236

让我们来看一个例子。从我们研究区域的一端到另外一端，

君主系统都包含加冕仪典，但其重要性和发达程度变化很大，直
237 至完全消失，比如欧洲某些国家的情况就是如此。它消失的原因
就是不再发挥任何有用的功能了。最初的功能是把一个人变成神，但当一个王子自动继承了父亲的宝座，并只因为他父亲死亡这一事实而成为国王的时候，加冕典礼就不再具有任何实践的目的，很快就因与反仪式主义或者其他对立的动机相冲突而屈服了。整个加冕典礼可以被依次拆分成各个礼仪环节，比如共餐、涂油、授职、发誓等。我们发现这些仪式环节也是有结构的，唯有通过对登山宝训（Sermon on the Mount）的结构及其与其他仪式环节的关系的细致检验，我们才能够将其与加冕誓言等同起来，它们彼此之间互为博物学家所说的同源异形体。

一旦我们开始解剖加冕礼，我们几乎就是潜意识地采用了语文学家早就在使用的比较历史研究的方法。语言学家在过去差不多一个世纪的时间里已经习惯了将词汇看作是声音与意义的系统，并将结构上明显的相似性当作共同起源的证据，再从这些案例当中演绎出变迁的规则，将这些规则应用于那些不那么鲜明的案例，由此从已知走向未知。驱动他们这样做的，不是哲学上的争论，而是在分析印欧语言的过程中积累的事实带来的持续的压力。同样，我们在分析从欧洲到太平洋的君主制度的时候，应该逐步从多种多样的变体追踪到共同的源头：神圣国王制度。

这个短语听起来非常堂皇：神圣性是崇高的，国王是庄严的。然而将后来时代的感觉赋予这一制度的最初形式的建立者是错误的，为了华而不实的目的去寻找神灵或者国王的起源也是不对的。
238 我们已经有足够的理由相信神灵最初都是非人的，他们对人更有

用而不是更令人印象深刻。我们同样有理由认为最初的祭司-国王并非具有崇高权威的人；他们很平庸，偶尔还会显得怪诞，他们发挥着单调的功能，即以最好的手段确保食物的稳定供应和令人满意的人口出生率，而他们所采用的手段都是来自推理，没人在乎这些手段是庄严的还是不那么庄严的。最初的祭司-王并不会显得比富图纳岛的神圣国王更加威严，尽管人们兴旺的希望都依赖于后者，但他们也经常因为表达了不符合桀骜不驯的臣民之口味的观点而面临被罢黜的威胁；罗图马的神圣萨乌境遇也差不多，他们在为期一年的当政期间每天晚上都要站在凳子上吃三顿饭，白天也一样，这是他区别于其臣民的主要特征。[①]

如果国王通过讲究排场和气派来提升自己的地位，那毫无疑问主要是由于他所发挥的功能和统治的范围都扩大了，以及他一旦有机会就要在其臣民眼前夸耀自己的雄心；当然，祭司-王自己从来不缺乏这样的机会；他是天气的控制者；他乐于奉献，这让他的地位远高于其臣民；他是自然界的永恒制度的支持者，他时刻要自我克制，这总是会激起臣民对他的尊重，他所获得的权威也使他可以将这种自我克制的品格加诸他人；他是诸神的扮演者，当众神从自然物的非人的副本上升到理想人格的最高点时，国王的命运也随之上升。神灵通过国王和环绕着国王的各种人物获得了人格，但随着大量的象征和功业都被归于神灵，他们就不再只是将人的形式借给自己的那些人了，而是变成了理想化的位格，反过来将光荣赐予他们在人间的代表。

① 可能是因为如果国王吃得多，他的臣民也就吃得多。

239 不论从一开始还是在后来沉思的过程中，太阳都在荣耀神灵与国王的过程中扮演着最核心的角色。一度有人认为，光荣是太阳最鲜明的特征，人因为自然的冲动就会匍匐在地崇拜它，然而大量生活在炎热地区的人都把太阳看作是令人厌恶的东西，一种必要的恶，而不是自然的恩宠，人和身体高一点的动物每天都在炎炎烈日下盼望太阳落山傍晚来临。只有在更往北方的地区，人们才欣喜地歌颂太阳，但不善言辞的众人表达欣喜的方式也不过是些平淡无奇的句子，比如“多好的一天”、“天气晴朗”之类的；唯有诗人格外丰富的感受力才能用更加华丽的形式来表达这种情感，诗人

> 隐藏于
> 思想的光芒，
> 他们自由地歌唱，
> 直到世界重生之前
> 只有他们感受着这世界从未留心的恐惧与希望。

从前，诗人们只能从枯槁的宇宙论的乏味的材料中挤出蜂蜜来，而今天关于声波的数学理论让他们写道：

> 神圣的风琴翻卷着声波
> 在屋顶上、地板上徜徉；

当他思考自然的残酷无情时，自然选择的信条让他们迸发出

怀疑的热情：

> 她似乎对物种如此关心
> 却对个体不闻不问。

宗教并不是诗人创造的，但对物质利益的孜孜不倦的追求给了诗歌和宗教机会。他们抓住了粗糙的矿石，去除杂质，冶炼成金。我们已经看到了阳光对阴霾与寒冷的胜利被升华为善良战胜邪恶；太阳的光线也被升华为奇迹的力量，进一步变成了无所不能 240
的；季节的正常更替被美化为道德法则；药水给病人带来生机，抵抗衰老和死亡，却被转变成神圣性的流溢，人们相信这可以让灵魂永生；一个确保天地互动和谐的仪式被重新界定成一场赋予性交以庄严性和永恒价值的圣礼，这对文明进程的贡献可不容小觑。

从头到尾细致地展示这一升华过程已经超出了本书的范围，我们的目标是为这种研究提供些材料；首先，我们要确定哪些事情确实发生过，然后再思考这些事为什么会发生。尽管如此，我还是要指出我认为在精神化过程中非常有力的两个动因。

听起来悖谬的是，不相信是信仰的条件之一：唯有当我们确实不再相信一件事，从整体上就不再接受它，包括其粗陋的方面和优秀的方面，我们才能依据一个理想的模型重新塑造它；当我们不再追求过度精确的时候，就会适度地让自己高兴起来。比如在吠陀时代的印度，艺术的范围很小，祭坛的砖必须一块一块砌得很精确才能保佑建筑者食物充裕、生活平安和子孙昌盛。当人们不再操心为什么这块砖在这，那块砖在那的时候，他们就可以自由地表达自己对美和庄严的感受，这在以前是深受束缚的。当人们不再相信每个神灵都有一个确定的数字来决定向其吟诵的赞美诗是由多少个音节构成的，他们就可以用最恰当和自由的形式来表达自己的情感。如果一个人给三位一体创作赞美诗的时候，盯着《尼西亚信经》，生怕任何一个字带有异端邪说的污染，我们不能指望他会写出优美的诗句；如果一位吠陀神学家全心全意
241 地相信祭坛就应该是简单的，或者由七层构成以对应于宇宙神的七重本质①，我们也就不能期待他有着多么深厚的宗教情感。这样的人可能是心智灵巧的思想者，也可能对他所处的时代作出重要的思想贡献，但不能凭借他自己的判断而被称为是笃信宗教的，就像一个在教堂财产案件上作出判决的法官，或者一个计算教堂下沉的墙柱产生的张力和应力的工程师一样，同样不能因自己的判断而被称为是笃信宗教的。对精确性的热情与宗教信仰是不相容的。基督教的成功很大程度上就在于它不会用精确性去压迫精神；佛教的建立者明智地拒绝被艰深而刻板的形而上学教条所束缚。②

衰败是另外一个促进升华的力量。乍看起来这种说法有点奇怪，我们都习惯于蔑视衰败的年代，认为这些年代毫无价值。但我们只要想一想基督教和佛教都是衰败年代的产物，就明白这种看法是需要反思的。衰败的年代并非全然是没有成果的；它们也会为文明的进程作出独特的贡献，有时还是颇为值得瞩目的贡献。

---

① 《百道梵书》，x. 2. 3. 17 及以下诸页。

② 《中阿含经》（*Majjhima Nikaya*），ii. 428 及以下诸页中对玛伦嘉普塔（Malun-kyaputta）的回答。

为什么这么说？

历史学家对兴衰现象再熟悉不过了，虽然往往忽视了兴衰背后的原因。而艺术史学者则更熟知标示着艺术史过程的心灵表征。最初，艺术是平和的，并不会一惊一乍，也不会长时间持续地热情高涨，但它总是踌躇满志；它为感官的对象感到愉悦，更愿意赋予感官对象以更高的价值，而不是超越他们；但是渐渐地，它开始努力把自己提高到大地之上，奔向智慧之人居住的飘渺的空中，它越飞越高，但难以在稀薄的大气中找到落脚点，它从最高处沉落下来，筋疲力尽，万念俱灰。或者，我们把诗人的 242
想象先放在一边，用心理学家的散文来表述，理智与情感都被激化了，越来越想在低级的活动面前占据上风，直到最终摆脱低级官能的有益于健康的控制，获得彻底的解放；接下来发生了混乱，艺术堕落成了空洞的聪明和神经质的敏感。这是一种神经的崩溃，简言之，就像普遍设想的那样，这种现象是属于心理学而不是物理学的。并不是身体变弱了，而是灵魂变得不够康健。艺术生病了，而当灵魂变弱时，它又本能地转回来寻找治愈灵魂的方法。就像身体被疾病侵扰时会找机会休息，胃部不适的人会拒绝难以消化的肉，被困扰的灵魂也会远离烦恼，寻找抚慰痛苦的方法。就像牙疼会彻底占据一个人的注意力并促使他去发明或者想象解脱自己的方法一样，灵魂的痛苦也是坚持不懈，绝不会让自己被忘记，这会强迫大脑去思考缓解痛苦的方法。有些方法可能是幻象，当牙疼病人想象着牙医拔掉自己的病牙以暂时获得舒缓时就是如此；但还有些方法是真实的。在这些真实的方法中，我们要提到的是忏悔：在吠陀时代，忏悔只意味着消除会危及献祭成功的谎言[1]；它逐渐变成了灵魂的倾诉；它变成了公认的心灵治疗的方法并被科学赋予了正当性。

衰败的时代因此就是精神上的新发现的时代。但是，就像我在上文中指出的，绝对原初的人是不存在的：每个人都在前人工作的基础上才能有所建树；所以衰败时代的人并没有创造出全新的宗教，而是让旧有的宗教发生了新变化；他们从中汲取了精
243 神价值而摒弃了单纯的实践，他们使用和旧宗教一样的词，但限定了这些词的意义。因此，献祭的羊羔就不再是逾越节聚会上作为某位神的化身为了谷物的丰产而被宰杀的小牝羊，而是一个象征——心理学家称之为聚合机制——用一个符号表达了无罪、纯洁、温柔、自我牺牲、拯救和神圣性等品性的总和，没有任何言语形式能够表达得如此具有感染力。

毫无疑问，很多人都会对任何从肠胃的热望中推导出治愈灵魂之方法的尝试感到愤慨。所以，当达尔文和华莱士（Wallace）希望从动物身上推导出人类的起源时，上一代的正统论者发出了怒吼；他们给那些认为人可能与猴子有关的思想打上了不敬神的烙印。而他们的儿子辈不但习惯了这一思想，还从中得出了更加高贵的神的观念，这种观念认为神在过去无尽的时间长河中一直引领着其造物从最卑微的起点走向最高贵的目标。这样，新成长起来的一代人发现问题不是去愤怒而是去思考，人类这么晚才从动物中脱颖而出，为何可以如此迅速地从对物质的征服走向了对精神的征服。

---

① 《百道梵书》，ii. 5. 2. 20。

索 引

阿拉伯数字代表英文页码（即本书边码），罗马数字代表章的序号

图书在版编目(CIP)数据

王权/(英)A. M. 霍卡著;张亚辉译. —北京:商务印书馆,2022(2023.3 重印)
(经验与观念丛书)
ISBN 978-7-100-20101-8

Ⅰ. ①王… Ⅱ. ①A… ②张… Ⅲ. ①君主制—研究 Ⅳ. ①D033.2

中国版本图书馆 CIP 数据核字(2021)第 129527 号

经验与观念丛书
王权
〔英〕A. M. 霍卡 著
张亚辉 译

商 务 印 书 馆 出 版
(北京王府井大街 36 号 邮政编码 100710)
商 务 印 书 馆 发 行
北京艺辉伊航图文有限公司印刷
ISBN 978-7-100-20101-8

2022 年 8 月第 1 版 开本 880×1230 1/32
2023 年 3 月北京第 2 次印刷 印张 8⅞
定价:48.00 元